Willi Buchwald

Israel und die Zukunft der Welt

BRENDOW VERLAG

ISBN 3 87067 097 5

TELOS-Paperback Nr. 1135

1. deutschsprachige Auflage 1978
2. deutschsprachige Auflage 1978
3. deutschsprachige Auflage 1980
4. deutschsprachige Auflage 1982
© 1978 by Brendow-Verlag D-4130 Moers 1
Umschlaggestaltung und Grafik im Text: Friedrich Haarhaus
Printed in Germany   19206/1982

Inhalt

Vorwort

Die Frage nach der Zukunft wird heute von vielen Menschen offen gestellt. Die Antworten darauf fallen sehr verschieden aus. Manche Persönlichkeiten und Gruppen sind so pessimistisch, daß sie den Weltuntergang bereits für morgen erwarten. Andere dagegen sehen die Zukunft rosig; sie meinen, in unserer Welt werde sich noch alles zum Besten wenden.

Gleichzeitig laufen besorgte Leute in zunehmenden Maße zu Wahrsagern und in spiritistische Sitzungen. Sie lassen sich das Horoskop stellen, um etwas über ihr eigenes Schicksal oder über die Zukunft der Welt zu erfahren. So berichtete eine Tageszeitung über die Zigeunerin Margarete Buchela, die als »Seherin vom Rhein« zweifelhaften Ruhm erlangt hat. An den Jahresenden herrschte bei ihr ein derartiger Hochbetrieb, daß sie dem Ansturm ihrer Kunden kaum gewachsen war. Alle wollten sich in den letzten Tagen des alten Jahres noch schnell über den Fahrplan für die kommenden zwölf Monate informieren. Wartezeiten bis zu zwölf Stunden waren keine Seltenheit, aber die Kunden warteten gern. Managern, Geschäftsleuten, unglücklichen Liebhabern, Politikern und Ehefrauen war es offensichtlich lieber, sich in sonst ungewohnter Geduld zu fassen, als den Schritt ins neue Jahr ohne die Voraussagen dieser Hellseherin zu wagen.

Es ist erschütternd, wie Unsicherheit und Angst die Menschen plagen. Aber vom Aberglauben und seinen Vertretern kann man niemals Geborgenheit oder Hilfe bei Schwierigkeiten erwarten. Hier werden Menschen belogen und betrogen. Enttäuscht bleiben sie schließlich doch mit ihren Problemen allein. Selbst da, wo solche Voraussagen in Erfüllung gehen, wird dem Betroffenen letztlich nicht geholfen; er lädt vielmehr einen Fluch auf sich. Wer bei dunklen Mächten und Dämonen Hilfe sucht, macht sich Gott zum Feind.

Utopische Hoffnungen

Die Völker setzen ihre Hoffnung auf die Fähigkeiten ihrer Politiker, auf neue politische oder wirtschaftliche Systeme. Aber immer wieder müssen sie ernüchtert und enttäuscht feststellen, daß selbst fähige Köpfe scheitern, gut gemeinte neue Ordnungen versagen. Die Probleme sind zu groß; der Mensch steht seinem eigenen Versagen hilflos gegenüber. Dies läßt sich heute besonders in der Dritten Welt beobachten. Diese Länder sind zwar vom Kolonialismus befreit. Aber jetzt wird die Bevölkerung oft von den Führern des eigenen Volkes ausgenutzt, das Land von seinen rechtmäßigen Besitzern an den Rand des Ruins gebracht.

Hoffnung auf die Wissenschaft

Auch von den Wissenschaftlern erwartet man einen wesentlichen Beitrag zur Lösung der anstehenden Probleme. Man geht davon aus, daß sich alle Theorien auch verwirklichen lassen. Und man verweist stolz auf das große Potential an Wissen und die gewaltigen technischen Möglichkeiten, die uns heute zur Verfügung stehen. Aber gerade bekannte und ernstzunehmende Wissenschaftler zeichnen anhand von Daten und Analysen ein düsteres Zukunftsbild. Sie sagen der Welt und ihrer Bevölkerung eine katastrophale Entwicklung voraus.

Im »Club of Rom«, einem inoffiziellen Zusammenschluß namhafter Politiker, Naturwissenschaftler, Wirtschafts- und Sozialwissenschaftler und Philosophen, macht man sich über die Zukunft der Menschheit Gedanken. Und die Prognosen dieser Männer im Blick auf die zu erwartenden Auswirkungen eines unkontrollierten Fortschritts sind düster. Der australische Biologe Charles Birch erklärte in einer Rede vor der 5. Vollversammlung des Ökumenischen Rates der Kirchen in Nairobi 1975: »Die Welt gleicht einer Titanic auf Kollisionskurs . . .« Und er zählte die besonderen Gefahren auf, die der Menschheit in Zukunft drohen: Bevölkerungsexplosion, Nahrungsmittelverknappung, Mangel an nicht regenerierfähigen Rohstoffen, Umweltverpestung und Wettrüsten der Großmächte.

An Vorschlägen zur Lösung dieser Probleme fehlt es nicht. »Die Verwirklichung scheitert jedoch«, so Birch, »an den Widerständen sozialer, politischer und wirtschaftlicher Strukturen sowie an geistiger Desorientierung über den Sinn des Lebens.« Vielleicht müßte man noch deutlicher sagen: Sie scheitert an dem hemmungslosen Besitz-, Genuß- und Machtstreben des einzelnen und der menschlichen Gemeinschaften.[1]

Dies alles klingt sehr pessimistisch; aber man muß fragen, ob dahinter nicht ein gesunder Realismus steht. Natürlich gibt es auch andersdenkende Wissenschaftler; aber jagen sie nicht einer Utopie nach? So hat vor wenigen Jahren eine Gruppe von Wissenschaftlern ein Programm aufgestellt, mit dessen Hilfe die Zukunft der Menschheit angenehmer gestaltet werden soll.

Bis zum Jahr 2000 will man – Presseberichten zufolge – sieben neue »Weltwunder« schaffen:

1. Die Lebensspanne des Menschen soll auf 150 Jahre verlängert werden. Mit 100 Jahren soll er sich noch wie ein Dreißigjähriger fühlen. (Zitat: »Der Tod ist nichts als eine Irrtumskatastrophe.«)

2. Künftig sollen die Menschen in Brutanlagen gezüchtet werden; denn schon heute will ein Viertel der Frauen seine Kinder nicht mehr austragen.

3. Die vernünftigste Stadt der Welt soll gebaut werden.

4. Nahezu alle Speisen will man künstlich herstellen.

5. Schnupfen und Grippe sollen für immer ausgemerzt werden.

6. Sonnen- und Sternenlicht soll (mit Hilfe der Kernfusion) auf die Erde herabgeholt werden.

7. 3500 m tief im Atlantik lagernde unermeßliche Erzvorkommen sollen abgebaut werden.

Der Londoner Professor Alexander Comfort erklärte auf einem Kongreß der Gerontologen (Gerontologie = Lehre von den Erscheinungsformen des Alterns): »Wir werden die Zeit haben, mit dem gebündelten Wissen von Jahrhunderten die Welt zum Paradies auszubauen . . . Wir werden lange genug leben, um Planeten ferner Sonnensysteme zu bereisen und zu besiedeln . . . Wir werden mit tausend langen Lebensjahren vor uns das Universum zum Lebensraum der Menschen machen.«

Große und vermessene Worte sind auf diesem Kongreß gesprochen worden. In einem Sprichwort aber heißt es: »Der Mensch denkt, und Gott lenkt.« Wir wissen aus der Geschichte, daß der von Gott losgelöste Mensch oft Irrwege gegangen ist, die nicht selten in Katastrophen endeten.

Wenn wir nach der Zukunft fragen, müssen wir uns zunächst grundsätzlich und entschieden von allen Vorhersagen distanzieren, die von Wahrsagern und Spiritisten gemacht werden. Die Prognosen von Wissenschaftlern, Politikern und Wirtschaftsfachleuten können durchaus interessant und aufschlußreich sein; aber all diesen Berechnungen haftet menschliche Begrenztheit und Fehlerhaftigkeit an. Sie haben sich oft als Trugschlüsse erwiesen. Allein der allmächtige und allwissende Gott kennt die Zukunft.

Er fordert uns auf, unsere Fragen an ihn selbst zu richten. Er hat uns in der Bibel seinen Willen, seinen Heilsplan und den Ablauf der Welt- und Menschheitsgeschichte offenbart. Die Aussagen dieses Buches gründen sich deshalb auf die Aussagen der Heiligen Schrift.

Die Bibel sagt keine »herrlichen Zeiten« voraus

Friede ist schon heute das Hauptthema politischer Gespräche und Konferenzen. Aber auch hier offenbart sich die Hilflosigkeit der Politiker. Es wird nicht zum dauerhaften Frieden kommen, bevor Jesus Christus seine Herrschaft auf dieser Erde antritt. Denn das Haupthindernis für menschlichen Frieden und irdisches Glück ist die Sünde des Menschen. Wer sich aber von Gott trennt, öffnet sich dem Einfluß seines großen »Gegenspielers«. Dieser Engel- und Lichtfürst Satanas bedient sich des Menschen, um die Weltordnungen Gottes durcheinanderzubringen. Die Bibel nennt ihn Diabolos, den »Durcheinanderwerfer«. Er schürt den Haß unter den Menschen, bringt sie gegeneinander auf und hält sie in ihrer Selbstsucht, Ungerechtigkeit und Begierde gefangen. Erst wenn er besiegt ist, und Jesus Christus als Sieger hervortreten und herrschen wird, ist wirklich Friede. Dieser Tag aber kommt gewiß.

Einführung

Viele Christen vertreten heute die Auffassung, daß die Beschäftigung mit biblischer Prophetie ein Steckenpferd für eine ganz bestimmte Gruppe von Leuten sei oder Irrlehrern und Sektierern zugeordnet werden müsse. Aber vielleicht verhält es sich genau umgekehrt: Ich meine, daß mancher nicht in die Fänge sektiererischer Gruppen geraten wäre, wenn er in der Bibel (und ihren prophetischen Aussagen) besser Bescheid gewußt hätte. Pfarrer, Prediger und Gemeinden machen sich schuldig, wenn sie es unterlassen, sich nüchtern mit den prophetischen Aussagen der Bibel zu beschäftigen. Man bezeichnet das Buch der Offenbarung als ein »Buch mit sieben Siegeln«; aber man hat sehr selten geprüft, ob diese Bezeichnung für unsere Zeit noch zutrifft.

Die Verfasser der Bibel fordern uns auf, uns mit den prophetischen Aussagen dieses Buches zu befassen. Der Apostel Petrus schreibt: »Wir haben desto fester das prophetische Wort, und ihr tut wohl, daß ihr darauf achtet als auf ein Licht, das da scheint an einem dunklen Ort, bis der Tag anbreche und der Morgenstern aufgehe in euren Herzen« (2. Petrus 1, 19).

Hier wird das prophetische Wort als ein Licht bezeichnet. Und Licht stellt uns immer in die Wirklichkeit. Es macht Gefahren sichtbar und warnt davor. Licht gibt Sicherheit und läßt uns den rechten Weg erkennen. Im Dunkel und in der Hoffnungslosigkeit dieser Zeit will Gott seinen Leuten durch sein Wort Mut zusprechen und sie auf das Ziel hinweisen, auf das sie zugehen. Er will ihnen deutlich machen, daß es sich lohnt, in der Gemeinschaft mit ihm zu leben und zu leiden und in Geduld auf sein Kommen zu warten. Christen, die den Plan Gottes mit dieser Welt kennen, wissen, daß sie keinem blinden Schicksal ausgeliefert sind. In letzter Instanz gibt es für sie keine Enttäuschung. Sie werden mit ihrem Glauben nicht Schiffbruch erleiden, wenn Anfechtungen, Leid und Katastrophen über ihr Leben hereinbrechen. Christen wissen, daß Gerichte, Hunger, Kriege, Tod und Zerstörung nicht das Ende bedeuten. Es ist ihnen bekannt, daß dies alles geschehen muß, bevor ihr Herr wiederkommt. Wer Jesus Christus nicht kennt, wer nicht erfahren hat, daß er ihm die Schuld seines Lebens abnehmen und als Herr in sein Leben treten kann, der freilich wird der Furcht nicht entrinnen. Und die Menschen heute haben Angst. Sie wissen sich nicht geborgen, und sie haben kein Ziel. Zu den Menschen aber, die an ihn glauben, sagt Jesus: »Sehet auf und erhebet eure Häupter, darum daß sich eure Erlösung naht« (Lukas 21, 28).

Das prophetische Wort der Bibel ruft uns zur Bereitschaft auf, auf den wiederkommenden Jesus Christus zu warten: »Selig ist, der da liest und die da hören die Worte der Weissagung, und behalten, was darin geschrieben ist; denn die Zeit ist nahe!« (Offenbarung 1, 3).

Wer sich an der Bibel orientiert, bleibt für das Handeln Gottes nicht länger blind. So erkannten manche Zeitgenossen Jesus aufgrund der Aussagen der Propheten als den von Gott gesandten Messias. Lukas berichtet von dem Greis Simeon und einer betagten Frau namens Hanna, die in dem Jesuskind den verheißenen Messias erkannten (Lukas 2). Die Samariterin, mit der Jesus am Brunnen von Sichar ein Gespräch geführt hatte, lief in die Stadt und rief den Leuten zu: »Kommt, sehet einen Menschen . . ., ob er nicht der Christus sei« (Johannes 4, 29). Und eben diese Leute sagten, nachdem sie Jesus begegnet waren: »Wir haben selber gehört und erkannt, daß dieser ist wahrlich der Welt Heiland« (Johannes 4, 42). Johannes berichtet davon, daß man in Israel damals verschiedener Meinung über Jesus war (Johannes 7, 40–43). Und einige lagen mit ihrer Ansicht richtig, sie sagten: »Er ist der Christus.« Auch der Fischer Petrus kannte alttestamentliche Prophezeiungen über den verheißenen Messias. Als er sie mit dem Leben und Wirken Jesu verglich, konnte er das wunderbare Bekenntnis ablegen: »Du bist der Christus Gottes!« (Lukas 9, 20). Sogar der römische Hauptmann, der die Kreuzigung Jesu überwacht hatte, rief aus: »Dieser ist wahrlich Gottes Sohn gewesen!« (Matthäus 27, 54).

Wer sich nicht mit der Bibel beschäftigt oder ihren Aussagen keinen Glauben schenkt, wird zwangsläufig zu falschen Ansichten über Gott, sein Handeln und sein ewiges Reich gelangen. So mußte schon Jesus die Ansichten der Sadduzäer korrigieren, die man etwa als die modernistischen Theologen seiner Zeit bezeichen könnte (sie leugneten die Auferstehung und die Existenz der Engel): »Ihr irret darum, daß ihr die Schrift nicht kennt noch die Kraft Gottes« (Markus 12, 24).

Die beiden Jünger, die nach der Kreuzigung Jesu nach Emmaus wanderten (Lukas 24, 33–47), waren in heftige Zweifel geraten, weil sie weder auf die Aussagen des Alten Testament noch auf die Aussprüche Jesu achteten. Deshalb war ihre Enttäuschung groß, als Jesus am Kreuz gestorben war. Ihre Verzweiflung äußert sich in den

Worten: »Wir hofften, er würde Israel (von den Römern) erlösen.«
– Aber der auferstandene Jesus, der unerkannt zu ihnen getreten
war, half ihnen wieder zurecht, indem er sie an prophetische Aussagen des Alten Testaments erinnerte. »Mußte nicht Christus solches leiden und zu seiner Herrlichkeit eingehen?« fragte er sie.
»Und fing an bei Mose und allen Propheten und legte ihnen in der
gesamten Schrift aus, was von ihm darin gesagt war« (Lukas 24, 26.
27). Und auf ähnliche Weise begegnete er den Jüngern, die sich in
Jerusalem versammelt hatten. Zu ihnen sagte er: »Das ist es, was ich
zu euch sagte, als ich noch bei euch war. Es muß alles erfüllt werden, was von mir geschrieben ist im Gesetz des Mose, in den Propheten und in den Psalmen ... also ist es geschrieben, daß Christus
mußte leiden und auferstehen von den Toten am dritten Tage« (Lukas 24, 44–46).

Während der drei Jahre des Wirkens Jesu ging vieles in Erfüllung,
was in den Büchern des Alten Testaments von ihm vorausgesagt
worden war. Dreiundzwanzigmal heißt es im Neuen Testament:
»Das ist geschehen, auf daß erfüllt würde, was gesagt ist durch die
Propheten«, oder: ». . . auf daß die Schrift erfüllt würde.«

Genauso wird sich auch das erfüllen, was die Bibel im Blick auf die
»Letzte Zeit« voraussagt, die wir auch »Endzeit« nennen. Manches
davon vollzieht sich in unseren Tagen. Nur sollte man nicht jede biblische Aussage bis in alle Einzelheiten deuten wollen oder Be-
hauptungen aufstellen, wo die Bibel nur Andeutungen macht. Paulus, einer der größten Theologen seiner Zeit und zudem ein Mann,
der selbst Offenbarungen von Gott empfangen hat, weist in 1. Korinther 13, 9 bescheiden auf die Begrenztheit seines Wissens hin:
»Unser Wissen ist Stückwerk.« Manche prophetische Aussage der
Bibel ist heute noch nicht ganz zu verstehen; die Situation ist noch
nicht reif dafür. Wir müssen deshalb nüchtern bleiben und uns vor
Spekulationen hüten. Gott hat uns in der Bibel seinen Plan für diese
Welt und ihre Menschen nicht bis in alle Einzelheiten offengelegt.
Um das deutlich zu machen, benutzt Paulus in 1. Korinther 13, 12
das Beispiel des antiken Metallspiegels, auf dem man lediglich die
Konturen, nicht aber jede Feinheit erkennen konnte. Die Konturen
reichen jedoch aus, um den Christen erkennen zu lassen, wie weit
die Zeiger auf Gottes Weltenuhr vorgerückt sind. Dem Propheten
Daniel wird gesagt: »Es ist verborgen und versiegelt bis auf die
letzte Zeit«; und: ». . . alle Gottlosen werden nichts verstehen,
aber die Verständigen (die Christen, die den Heiligen Geist empfangen haben) werden es verstehen« (Daniel 12, 9. 10).

Wir dürfen schon heute erleben, wie die Voraussagen der Propheten in Erfüllung gehen. David Ben Gurion, der erste Ministerpräsident des Staates Israel (er starb im Dezember 1973), hat einmal gesagt: »Ich bin Jude, und ich glaube an das, was die Propheten vor 2500 Jahren gelehrt haben. Ihre wichtigsten Verheißungen sind dabei, sich zu erfüllen.«

Die Aktualität der Bibel

Trotz Zeitungen, Rundfunk und Fernsehen ist das Buch noch immer das wichtigste Informationsmittel der Menschen. In jeder Minute erscheint irgendwo in der Welt ein neuer Buchtitel, insgesamt etwa 550 000 pro Jahr. Das am weitesten verbreitete und am meisten gelesene Buch in der Welt aber ist die Bibel. Sie ist zugleich das außergewöhnlichste und aktuellste Buch; denn sie macht uns schon heute auf das aufmerksam, was morgen geschehen wird.

Die Bibel ist im Altertum entstanden, aber sie spricht die Menschen zu allen Zeiten an. Sie kennt die grundlegenden (und damit zeitlosen) Probleme des Menschen und gibt darauf Antwort. Kein Buch vermittelt solchen Trost, solche Hoffnung, solche Gewißheit und Wegweisung wie die Bibel. Sie öffnet uns den Blick für Gott und seine unsichtbare Welt. Sie deckt Sünde und Schuld des Menschen auf; aber sie berichtet auch davon, wie Gott in seiner Liebe in Jesus Christus einen Weg gefunden hat, um dem Menschen zu vergeben, ihn zu erlösen und ihm die Neugestaltung seines Lebens zu ermöglichen. Die Bibel ist Gottes Brief an diese Welt. Es gibt kein Buch, um dessen Vernichtung man sich so bemüht hat und das doch nicht ausgerottet werden konnte. Der »Fürst dieser Welt« hat alles versucht, um den Menschen die Bibel zu nehmen. Er weiß, daß dem, der dieses Buch liest, die Augen für die Wahrheit geöffnet werden.

Durch die Bibel redet Gott

Die Bibel ist in einem Zeitraum von etwa 1600 Jahren geschrieben worden. Ihre Autoren kamen aus verschiedenen Berufen; sie waren Könige, Hirten, Beamte, Ärzte, Fischer. Sie lebten zu verschiedenen Zeiten und in verschiedenen Ländern. Sie besaßen nicht einmal eine gemeinsame Sprache. Und doch stimmen alle 66 Bücher der Bibel bemerkenswert überein, weil hinter den menschlichen Schriftstellern noch ein anderer Autor steht: der Heilige Geist. Er hat die einzelnen Autoren in dem, was sie schreiben sollten, geführt und beeinflußt. Petrus schreibt dazu: »Und das sollt ihr vor allem wissen, daß keine Weissagung in der Schrift eine Sache eigener Auslegung ist. Denn es ist noch nie eine Weissagung aus menschlichem Willen hervorgebracht worden; sondern von dem Heiligen Geist getrieben haben Menschen im Namen Gottes geredet« (2. Petrus 1, 20. 21). Jesus hat bestätigt, daß das Wort Gottes unvergänglich ist und sich in allen Einzelheiten erfüllen wird: »Denn ich sage euch wahrlich: Bis daß Himmel und Erde vergehen, wird nicht der kleinste Buchstabe noch ein Tüpfelchen vom Gesetz (Gottes) vergehen, bis daß es alles geschehe« (Matthäus 5, 18). – »Himmel und Erde werden vergehen, aber meine Worte werden nicht vergehen« (Matthäus 24, 35).

Die Bibel zeichnet sich durch bereits erfüllte Vorhersagen aus

Von den 39 Schriften des Alten Testaments sind 17 prophetische Bücher. Aber auch in den übrigen sind Voraussagen enthalten. Gott hat immer wieder besondere Ereignisse angekündigt, um die Menschen zu warnen oder zu ermuntern. Der Prophet Amos sagt: »Gott, der Herr, tut nichts, er offenbare denn sein Geheimnis seinen Knechten, den Propheten« (Amos 3, 7).

Vorausgesagte und bereits erfüllte Geschehnisse:

● Die Sintflut (1. Mose 6 und 7).

● Der Untergang der Städte Sodom und Gomorra (1. Mose 18 u. 19).

In bezug auf Israel:

● Der 400jährige Aufenthalt Israels in Ägypten (1. Mose 15, 13–16; 2. Mose 12, 40).

● Die 40 Jahre dauernde Wüstenwanderung (4. Mose 14, 33. 34).

● Die assyrische Gefangenschaft des Nordreiches Israel (1. Könige 14, 13; Amos 5, 27).

● Die babylonische Gefangenschaft des Südreiches Juda (Jeremia 20, 4. 5).

● Die Zerstreuung der Juden in alle Welt (5. Mose 28, 32–37 und 64–69; Lukas 19, 41–44).

● Die Zerstörung des Tempels in Jerusalem (Daniel 9, 26; Matthäus 24, 1. 2).

In bezug auf Jesus Christus:

● Die Geburtsstätte des Messias wurde etwa 700 Jahre vorher angekündigt (Micha 5, 1).

● Die Geburt durch eine Jungfrau (Jesaja 7, 14; Matthäus 1, 18–25).

● Das Wirken Jesu in Galiläa (Jesaja 8, 23; Matthäus 4, 12–15).

● Jesu Einzug in Jerusalem (Sacharja 9, 9; Matthäus 21, 5–11).

● Der Verrat für 30 Silberlinge (Sacharja 11, 12–13; Matthäus 26, 15 und 27, 3–10).

● Jesu Leiden und Sterben (Jesaja 53).

● Das Durchbohren seiner Hände und Füße und die Verlosung seiner Kleider (Psalm 22; Johannes 19, 24. 25).

● Jesus soll kein Bein gebrochen werden (2. Mose 12, 46; Johannes 19, 36).

● Seine Auferstehung (Lukas 9, 22; 18, 31–33; Jesaja 53, 10. 11).

Die Reihe erfüllter Voraussagen ließe sich beliebig fortsetzen. Gewiß wird sich auch das erfüllen, was Gott über die Zukunft gesagt hat. Und mit Sicherheit löst er ein, was er jedem Menschen zugesagt hat, der an ihn glaubt, ihm vertraut und seine Vergebung in Anspruch nimmt.

Israel und die Nationen

Die Zukunft der Welt und die Zukunft Israels stehen miteinander in engem Zusammenhang. Wenn wir das Handeln Gottes mit den einzelnen Völkern in Vergangenheit, Gegenwart und Zukunft verstehen wollen, müssen wir die prophetischen Aussagen der Bibel beachten. Sie setzen bereits bei Noah und seinen Nachkommen ein.

Die Bibel berichtet, daß nur Noah mit seiner Familie die Sintflut überlebte. Von seinen Söhnen Sem, Ham und Japhet stammen also alle Menschen ab: »Das sind die drei Söhne Noahs; von ihnen kommen her alle Geschlechter auf Erden« (1. Mose 9, 19). Und ergänzend dazu erfahren wir: »Das sind nun die Nachkommen der Söhne Noahs nach ihren Geschlechtern und Völkern. Von ihnen her haben sich ausgebreitet die Völker auf Erden nach der Sintflut« (1. Mose 10, 32).

Die Nachkommen Noahs (1. Mose 10, 1–32)

Die Nachkommen Noahs werden in 1. Mose 10 aufgezählt; zum Teil werden dort auch ihre Siedlungsräume angegeben. Die prophetischen Aussagen werden jedoch in 1. Mose 9, 19–27 gemacht. Dort berichtet die Bibel über die Verhaltensweise der Söhne Noahs gegenüber ihrem Vater.

Noah hatte als erster einen Weinberg gepflanzt. Vermutlich besaß er noch keine Erfahrung im Umgang mit gegorenem Traubensaft. Die Folge war, daß er betrunken wurde und sich dabei entblößte. Sein jüngster Sohn Ham erzählte das seinen Brüdern und machte dabei seinen Vater lächerlich. Die Brüder aber wollten ihren Vater nicht beschämen. Sie deckten ihn zu, ohne ihn anzusehen. Als Noah anschließend von dieser Begebenheit erfuhr, tat er über seine Söhne und ihre Nachkommen prophetische Aussprüche. Sem und Japhet, die ihren Vater geschützt hatten, wurden gesegnet. Ham und dessen Sohn Kanaan wurden verflucht.

Die Hamiten (1. Mose 10, 6–20; 1. Chronik 1, 8–16)

Der Name Ham bedeutet soviel wie »heiß« oder »warm«. Zu Hams Nachkommen rechnet man im allgemeinen die Völker Afrikas. Sie haben sich, soweit sich das erkennen läßt, auch in Babylonien, Kanaan, Südarabien und Ägypten angesiedelt. Für uns sind besonders einige Nachkommen Hams interessant:

Nimrod (1. Mose 10, 8–10). Er gründete die babylonische Hauptstadt Babel und die assyrische Hauptstadt Ninive.

Die Philister (V. 14). Sie hatten sich hauptsächlich östlich des Nildeltas, entlang des Küstenstreifens am Mittelmeer, niedergelassen. Auf sie geht die Bezeichnung Palästina zurück.

Die Kanaaniter (V. 15ff.). Nach 4. Mose 33, 50–56 sollten die Stämme Israels auf Befehl Gottes die Kanaaniter aus ihrem Land vertreiben. Das Buch Josua berichtet davon, daß Israel diesen Befehl ausführte und Kanaan einnahm. An dieser Stelle – und bei anderen furchtbaren Geschehnissen – wird oft die Frage gestellt, wie Gott so etwas zulassen konnte. Zwei Gründe sollten wir dabei bedenken:

a) Das Maß der Gottlosigkeit war voll. Gott hat in seiner Liebe lange Zeit Geduld und wartet, daß einzelne Menschen und ganze Völker Buße tun und sich ihm zuwenden. Aber da, wo Menschen in ihrer Sünde beharren und den Herrschaftsanspruch Gottes ablehnen, muß Gott um seiner Heiligkeit willen zur Strafe greifen. Bei den kanaanitischen Völkern war das der Fall. Israel mußte dieses Gericht auf Befehl Gottes ausführen.

b) Die Vertreibung der Kanaaniter sollte Israel vor dem Götzendienst bewahren. Gott kennt den Wankelmut des menschlichen Herzens; er wußte auch um die Schwächen Israels. Schon in 2. Mose 34, 12 warnte Gott sein Volk: »Hüte dich, einen Bund zu schließen mit den Bewohnern des Landes (Kanaan), in das du kommst, damit sie dir nicht zum Fallstrick werden in deiner Mitte.«

Ham, der seinen Vater lächerlich gemacht hatte, wurde von Noah verflucht. Dieser prophetische Fluch erstreckte sich besonders auf

Hams Sohn Kanaan. Er und seine Nachkommen sollten (nach 1. Mose 9)

● »ein Knecht aller Knechte« (V. 25),

● »ein Knecht Sems« (V. 26),

● »ein Knecht Japhets« (V. 27) sein.

Man kann fragen, ob dieser Fluch nicht eine Ungerechtigkeit gewesen sei, da die Nachkommen Hams mit dieser Tat doch nichts zu tun hatten. Hier müssen wir uns zwei Dinge vor Augen halten:

1. Noah spricht seinen prophetischen Fluch nicht im augenblicklichen Zorn aus, sondern unter dem Einwirken Gottes.

2. Gott aber – und das ist für uns noch schwerer zu verstehen und gedanklich nachzuvollziehen – weiß als der Allwissende im voraus, wie einzelne Menschen und ganze Völker sich verhalten werden. In Psalm 139, 16 heißt es: »Deine Augen sahen mich, als ich noch nicht bereitet war, und alle Tage waren in dein Buch geschrieben, die noch werden sollten und von denen keiner da war.« So sah Gott auch voraus, daß die Nachkommen Hams überwiegend dem Götzendienst huldigen würden. Deshalb konnte er diesen schrecklichen Fluch aussprechen, der sich über Jahrtausende immer wieder erfüllen sollte.

Beobachten läßt sich das z. B. an den Völkern Afrikas. Sie hatten manche Fremdherrschaft über sich ergehen lassen müssen, waren in ihren eigenen Ländern wie Sklaven behandelt oder von den Nachkommen der Japhetiten und Semiten wie eine Ware in alle Welt verkauft worden. Manchmal waren daran sogar Angehörige ihrer eigenen Rasse beteiligt. Obwohl das Kapitel der Sklaverei, bei dem auch viele Christen Schuld auf sich geladen haben, abgeschlossen ist, muß man annehmen, daß viele von diesen Völkern auch heute noch unter diesem Fluch zu leiden haben. Sie haben zwar das Joch des Kolonialismus abgeschüttelt und sind selbständige Staaten geworden, aber die neuen, dem eigenen Volk angehörenden Führer behandeln ihre eigenen Bürger oft wie Sklaven und gehen mit einer Rücksichtslosigkeit gegen sie vor, die das Verhalten der Kolonialmächte manchmal noch übertrifft. Politisch und wirtschaftlich steuern diese Länder einer neuen Katastrophe zu und werden wiederum von fremden Staaten abhängig.

Die Semiten (1. Mose 10, 21–31; 11, 10 ff.)

Einige Wissenschaftler sind der Auffassung, der Name Sem hänge mit »Ruhm« zusammen. Von Sem stammen u. a. die Völker in Palästina, Arabien und Mesopotamien ab.

Sowohl Juden wie Araber sind Semiten (vgl. die graphische Darstellung auf Seite 26). Die Juden – genauer: die 12 Stämme Israels – erhielten von Gott den Auftrag, unter den Völkern als seine Zeugen zu wirken (Jesaja 43, 10. 12). Gott versprach, sie als sein Volk besonders zu segnen.

Ähnlich wie die Israeliten lassen sich auch die Araber auf bestimmte Stammeswurzeln und Gründerpersönlichkeiten zurückführen (vgl. Grafik auf Seite 26). Da sind einmal die Nachkommen Lots, die Ammoniter, die sich östlich des Jordans im heutigen Jordanien niedergelassen haben. Der Name der jordanischen Hauptstadt Amman erinnert noch daran. Die Moabiter, ebenfalls Nachkommen Lots, bewohnten die Gegend östlich des Toten Meeres.

Auch die Nachkommen Esaus, die Edomiter, gehören zu den Arabern. Sie vermischten sich zum Teil mit Kanaanitern. Schon Esau nahm sich Frauen, die aus Kanaan stammten (1. Mose 36, 1 ff.). Die Edomiter siedelten südlich des Toten Meeres in einem Gebiet, das heute ebenfalls zu Jordanien gehört. Das rote Edomitergebirge hat von ihnen seinen Namen.

Auch Ismael, Abrahams Sohn von der ägyptischen Magd Hagar, ist ein Stammvater der Araber. Er nahm sich eine ägyptische Frau und wohnte mit seinen Nachkommen auf der südlichen Sinaihalbinsel, in Palästina und Arabien (1. Mose 21, 21; 25, 18).

Die Syrer stammen nach 1. Mose 22, 21 von Abrahams Bruder Nahor ab. Auch die Nachkommen von Abrahams zweiter Frau Ketura (1. Mose 25, 1–6) werden zu den Arabern gerechnet. Die Nachkommen Keturas und der Nebenfrauen erhielten kein Erbteil wie Isaak, sondern zogen, von Abraham mit Geschenken bedacht, nach Osten ins Morgenland (Arabien).

Die Bezeichnung Araber wird von dem hebräischen Wort »arabah« abgeleitet[2], das soviel wie Wüste bedeutet. Sie sind Wüstenbewohner. Im Arabischen heißen sie »Sarkijun« (= »Sarazenen«), was mit »Morgenländer« übersetzt werden kann.

Die Araber sind heute zum größten Teil Moslems, nur wenige unter ihnen sind Christen. Manche Stämme haben im Lauf der Geschichte ihren Wohnsitz verändert oder sich mit anderen Völkern vermischt, so daß man ihre Herkunft und ihr ursprüngliches Siedlungsgebiet nicht immer genau bestimmen kann.

Gerade heute wird deutlich, daß Gott mit Juden und Arabern unterschiedlich handelt. Das bedeutet aber nicht, daß Gott die Araber nicht liebt. Wir müssen vielmehr folgendes sehen:

a) Gott macht auch heute seine Verheißungen wahr, die er den Stammvätern Abraham, Isaak und Jakob (der von Gott später den Namen Israel erhielt) zugesagt hat. Mose bestätigte das gegenüber dem Volk, bevor es das Land Kanaan einnahm: »Du bist ein heiliges Volk dem Herrn, deinem Gott. Dich hat der Herr, dein Gott, erwählt zum Volk des Eigentums aus allen Völkern, die auf Erden sind. Nicht hat euch der Herr angenommen und erwählt, weil ihr größer wäret als alle Völker – denn du bist das kleinste unter allen Völkern –, sondern weil er euch geliebt hat und damit er seinen Eid hielte, den er euren Vätern geschworen hat« (5. Mose 7, 6–8).

b) Als das auserwählte Volk Gottes sollte Israel eine besondere Aufgabe übernehmen: »Werdet ihr meiner Stimme gehorchen und meinen Bund halten, so sollt ihr mein Eigentum sein vor allen Völkern; denn die ganze Erde ist mein. Ihr sollt mir ein Königreich von Priestern und ein heiliges Volk sein« (2. Mose 19, 5–6).

Die Juden als das auserwählte Volk sind nicht »besser« als andere Menschen, und sie hatten es auch keineswegs immer leichter. Die Geschichte zeigt, daß sie Gott oft ungehorsam waren. Deshalb hat Gott harte Gerichtszeiten über sie gebracht, bis hin zu den Gefangenschaften in Assyrien und Babylon und zur Zerstreuung in alle Welt. Dennoch blieb und bleibt ihre Berufung bestehen. Einmal, vor allem im Tausendjährigen Reich, werden sie das sein, was Gott von Anfang an von ihnen gefordert hat: ». . . das Volk, das ich mir zubereitet habe, soll meinen Ruhm verkündigen« (Jesaja 43, 21). – »Du bist mein Knecht Israel, durch den ich mich verherrlichen will« (Jesaja 49, 3).

Ein Christ wird sich an den Entwicklungen, die wir heute an Volk und Staat Israel beobachten können, freuen und ihnen Segen wünschen. Genauso aber wird er, um Jesu Christi willen, die Araber und alle anderen Menschen lieben.

Die Japhetiten (1. Mose 10, 2–5)

Der Name Japhet bedeutet soviel wie »Ausbreitung«. Im allgemeinen zählt man die weiße Rasse zu seinen Nachkommen: z. B. die indogermanischen Völker, die sich fast über ganz Europa sowie Süd- und Westasien verbreitet haben. Bei der Aufzählung der Nachkommen Japhets werden als »Völker des Nordens« (von Israel aus gesehen) u. a. Gomer, Togarma, Magog, Mesech und Tubal genannt, die in der »letzten Zeit« mit ihren Heeren in Israel einfallen werden (Hesekiel 38 und 39).

Sem und Japhet wurden nach 1. Mose 9, 26. 27 von ihrem Vater Noah gesegnet. Dieser Segen schloß ein, daß Japhet sich ausbreiten und in den Hütten Sems wohnen sollte. Damit ist wohl gemeint, daß die Japhetiten (wenn wir so wollen: die weiße Rasse) am Segen der Semiten (der Juden) teilhaben soll. Bereits den drei Stammvätern Israels wurde verheißen, saß sie mit ihren Nachkommen ein Segen für die Völker sein sollten.

● Gott sprach zu Abraham: ». . . durch dein Geschlecht sollen alle Völker auf Erden gesegnet werden« (1. Mose 22, 18).

● Dem Isaak verhieß Gott: »Durch dein Geschlecht sollen alle Geschlechter auf Erden gesegnet werden . . .« (1. Mose 26, 4).

● Dem Jakob versprach Gott: »Durch dich und deine Nachkommen sollen alle Geschlechter auf Erden gesegnet werden« (1. Mose 28, 14).

Es versetzt in Erstaunen, wie buchstäblich die Verheißungen Gottes auch in dieser Hinsicht in Erfüllung gehen. Obwohl – oder vielleicht gerade weil die Juden in alle Welt verstreut wurden, haben die Nachkommen der Erzväter ihren Einfluß in der ganzen Welt geltend gemacht. Wo die Juden hinkamen, da wurden auch Gott und die Bibel bekannt. Jesus hat einmal gesagt: »Das Heil kommt von den Juden« (Johannes 4, 22).

Die Bibel, die das Heilsangebot Gottes an alle Menschen enthält, ist über die Juden zu uns gekommen. Sowohl das Alte wie das Neue Testament sind zum größten Teil von Juden verfaßt worden. Jesus Christus, der Heiland der Welt, ist seiner irdischen Abstammung nach ein Jude. Er hat mit seiner Botschaft in der ganzen Welt den größten Einfluß ausgeübt. Durch ihn sind alle Völker gesegnet worden und in den Völkern wiederum besonders alle die, die sein Angebot der Vergebung und des neuen Lebens angenommen haben. Unsere religiöse Prägung, unsere sozialen Verhaltensweisen, unsere Gesetzgebung und vieles mehr ist von den Juden (durch die Bibel) beeinflußt worden.

Aber auch in anderem Sinn sind die Juden ein Segen für die Völker geworden und haben großen Einfluß auf sie ausgeübt. Namhafte Männer und Frauen, Politiker, Wissenschaftler und Künstler, die in Vergangenheit und Gegenwart Hervorragendes für die Menschheit geleistet haben, waren Juden, obwohl das in vielen Fällen gar nicht bekannt ist. Um nur einige zu nennen: Henri Dunant, der Begründer des Roten Kreuzes, der Komponist Felix Mendelssohn-Bartholdy, der Maler Marc Chagall und der weltweit gefeierte Geiger Yehudi Menuhin. Einige haben weltweite Entwicklungen eingeleitet: etwa Albert Einstein, der Begründer der Relativitätstheorie, und Ignaz Semmelweis, Professor der Medizin, der erfolgreich das Kindbettfieber bekämpfte und als »Retter der Mütter« bekannt wurde.

Seit 1905 werden unter den Nobelpreisträgern 60 Angehörige des jüdischen Volkes gezählt. Ihre Beiträge, besonders auf wissenschaftlichen Gebiet, haben das Leben der Völker bereichert.[3]

Dennoch reißt die Empörung über die Juden nicht ab. Immer neue Wellen des Antisemitismus rollen über die Welt hin. Immer noch rufen Judenhasser: »Die Juden sind unser Unglück!« Aber Gott hat in seinem Wort eine eindeutige Warnung ausgesprochen: »Wer euch (Israel) antastet, der tastet meinen Augapfel an . . .« (Sacharja 2, 12). Was muß Gott noch alles tun, um einzelnen Menschen und ganzen Völkern in ihrem blindwütigen Judenhaß Einhalt zu gebieten und ihnen die Augen zu öffnen! Gott hat durch seine Boten immer wieder gewarnt und mit Gerichten gedroht. Eine mit einer Gerichtsandrohung verbundene Prophezeiung gegen Ägypten, das Israel immer noch haßt, erfüllt sich zum Teil in unseren Tagen. Bei Jesaja heißt es: »Das Wasser im Nil wird vertrocknen, und der Strom wird versiegen und verschwinden. Und die Wasser werden stinkend werden, und die Flüsse Ägyptens werden seicht und trocken werden, daß Rohr und Schilf verwelken. Das Gras an den Wassern wird vergehen, und alle Saat am Wasser wird verdorren und zunichte werden. Und die Fischer werden trauern, und alle, die Angeln ins Wasser werfen, werden klagen; und alle, die Netze in den Strom auswerfen, werden betrübt sein . . .« (Jesaja 19, 5–8).

Wie aktuell diese Aussage in unseren Tagen ist, und wie sich vor über 2500 Jahren ausgesprochene Prophezeiungen heute erfüllen, ergibt sich aus einem Artikel der Wochenzeitschrift »Der Spiegel« vom September 1975: »Insgesamt geht Ägyptens landwirtschaftliche Produktion ständig zurück . . . auch der Assuan-Staudamm, Ägyptens gewaltigstes Bauwerk, brachte der Landwirtschaft zwar Wasser, aber doch nicht den erhofften Aufschwung. Der Damm inmitten einer öden Felslandschaft am Ende der Bahnlinie Kairo–Assuan wird von vielen ägyptischen Kritikern schon heute als gigantische Fehlinvestition bezeichnet. Denn die Filteranlagen halten den fruchtbaren Nilschlamm zurück, der sonst alljährlich mit den Überschwemmungen kostenlose Düngung brachte. Heute müssen die Fellachen ihre Felder künstlich düngen. Doch für den neuen Bedarf reicht auch die Produktion von Kima, der größten Düngemittelfabrik Afrikas in der Nähe von Assuan, nicht aus. Zudem zeigt sich, daß durch das Ausbleiben der Überschwemmungen der fruchtbare Landstreifen zu beiden Seiten des Nils versalzt. Das schlammfreie Abflußwasser höhlt die Uferwände aus und bringt den Sardinen und Krabben hinter der Mündung keine Nährstoffe mehr; die Fischer wurden brotlos. Der Fischfang im Nassersee, der nach Expertenschätzungen diesen Verlust mehr als wett machen könnte, wurde bisher nicht angekurbelt.«

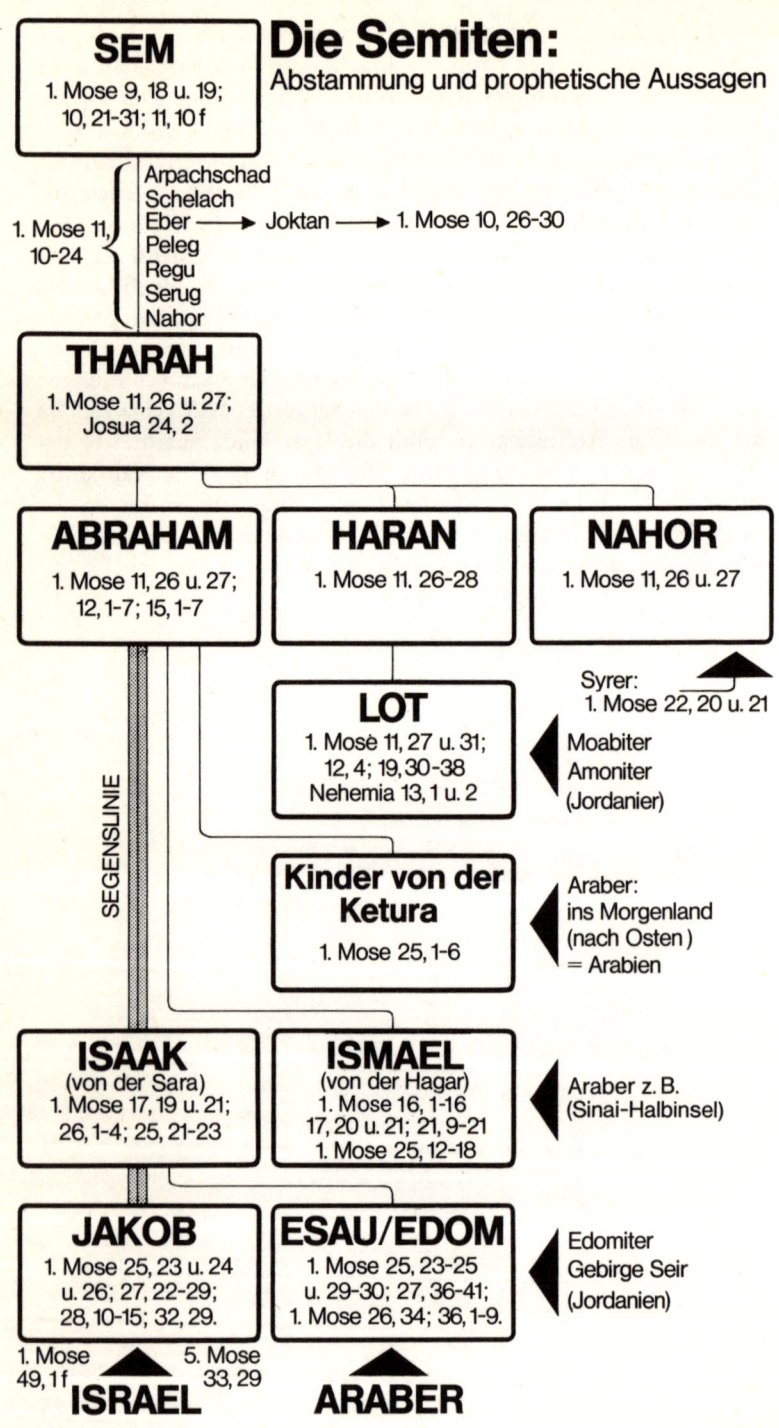

Die Semiten:
Abstammung und prophetische Aussagen

SEM
1. Mose 9, 18 u. 19;
10, 21-31; 11, 10 f

1. Mose 11, 10-24
{ Arpachschad
Schelach
Eber ⟶ Joktan ⟶ 1. Mose 10, 26-30
Peleg
Regu
Serug
Nahor }

THARAH
1. Mose 11, 26 u. 27;
Josua 24, 2

ABRAHAM
1. Mose 11, 26 u. 27;
12, 1-7; 15, 1-7

HARAN
1. Mose 11. 26-28

NAHOR
1. Mose 11, 26 u. 27

Syrer:
1. Mose 22, 20 u. 21

LOT
1. Mose 11, 27 u. 31;
12, 4; 19, 30-38
Nehemia 13, 1 u. 2

Moabiter
Amoniter
(Jordanier)

Kinder von der Ketura
1. Mose 25, 1-6

Araber:
ins Morgenland
(nach Osten)
= Arabien

SEGENSLINIE

ISAAK
(von der Sara)
1. Mose 17, 19 u. 21;
26, 1-4; 25, 21-23

ISMAEL
(von der Hagar)
1. Mose 16, 1-16
17, 20 u. 21; 21, 9-21
1. Mose 25, 12-18

Araber z. B.
(Sinai-Halbinsel)

JAKOB
1. Mose 25, 23 u. 24
u. 26; 27, 22-29;
28, 10-15; 32, 29.

ESAU/EDOM
1. Mose 25, 23-25
u. 29-30; 27, 36-41;
1. Mose 26, 34; 36, 1-9.

Edomiter
Gebirge Seir
(Jordanien)

1. Mose 49, 1 f
5. Mose 33, 29

ISRAEL

ARABER

Das für Israel verheißene Land

Den Stammvätern Israels – Abraham, Isaak und Jakob – wurde von Gott nicht nur verheißen, daß sie und ihre Nachkommen, und durch sie auch die anderen Völker, gesegnet werden sollten. Gott hatte außerdem vorgesehen, ihnen ein bestimmtes Land als Erbbesitz zu geben.

Abraham

Abraham stammte aus Ur in Chaldäa. Das ist das Gebiet des heutigen Scheichtums Kuweit am Persischen Golf. Die Bibel berichtet über ihn und seine Vorfahren: »Eure Väter wohnten vorzeiten jenseits des Euphratstromes, Tharah, Abrahams und Nahors Vater, und dienten anderen Göttern. Da nahm ich euren Vater Abraham von jenseits des Stromes und ließ ihn umherziehen im ganzen Land Kanaan und mehrte sein Geschlecht« (Josua 24, 2. 3). Als sich Abraham auf dem Boden des heutigen Israel befand, bestätigte Gott ihm gegenüber mehrmals die Verheißung, daß dieses Land seinen Nachkommen gehören sollte: »Deinen Nachkommen will ich dieses Land geben« (1. Mose 12, 7).

»Hebe deine Augen auf und sieh von den Stätten aus, wo du wohnst, nach Norden, nach Süden, nach Osten und nach Westen. Denn all das Land, das du siehst, will ich dir und deinen Nachkommen geben für alle Zeit und will deine Nachkommen machen wie den Staub auf Erden. Kann ein Mensch den Staub auf Erden zählen, der wird auch deine Nachkommen zählen. Darum mache dich auf und durchzieh das Land in die Länge und Breite, denn dir will ich's geben« (1. Mose 13, 14–17).

»Ich bin der Herr, der dich aus Ur in Chaldäa geführt hat, auf daß ich dir dies Land zu besitzen gebe . . . Deinen Nachkommen will ich dies Land geben, von dem Strom Ägyptens an bis an den großen Strom Euphrat« (1. Mose 15, 7. 8).

Isaak

Als dem verheißenen Sohn Abrahams bestätigte Gott ihm gegenüber die gleiche Zusage: »Bleibe als Fremdling in diesem Lande, und ich will mit dir sein und dich segnen; denn dir und deinen Nachkommen will ich alle diese Länder geben und will meinen Eid wahrmachen, den ich deinem Vater Abraham geschworen habe, und will deine Nachkommen mehren wie die Sterne am Himmel und will deinen Nachkommen alle diese Länder geben. Und durch dein Geschlecht sollen alle Völker auf Erden gesegnet werden« (1. Mose 26, 3. 4).

Jakob

Jakob war der Sohn Isaaks, der den besonderen Segen empfing. Er erhielt von Gott den neuen Namen »Israel« (1. Mose 32, 29). Auch ihm versprach Gott das Land Kanaan als Besitz: »Ich bin der Herr, der Gott deines Vaters Abraham, und Isaaks Gott; das Land, darauf du liegst, will ich dir und deinen Nachkommen geben. Und dein Geschlecht soll werden wie der Staub auf Erden, und du sollst ausgebreitet werden gegen Westen und Osten, Norden und Süden, und durch dich und deine Nachkommen sollen alle Geschlechter auf Erden gesegnet werden« (1. Mose 28, 13. 14).

Die Nachkommen Jakobs wurden nach dessen neuem Namen »Kinder Israels« genannt. Es entstanden die zwölf Stämme, die nach den zwölf Söhnen Jakobs benannt wurden.

Gott führt seine Leute manchmal seltsame, aber auch wunderbare Wege, um mit ihnen zu seinem Ziel zu gelangen. Es war seine Absicht, die Nachkommen der Erzväter in das verheißene Land zu bringen. Auf den Umwegen, die sich dabei ergaben, und in den schwierigen Situationen, in die das Volk manchmal geriet, konnte Gott sich ihm besonders offenbaren. Das Volk und seine Führer erlebten dabei immer wieder, daß Gott allmächtig, allgegenwärtig und allwissend ist. Sie lernten ihn nicht nur als Herrscher über alle Welt kennen, sondern als ihren Gott, der mit starker Hand über ihren Wegen wachte.

Wenn Gott einen Menschen gebrauchen will, so muß er ihn dazu vorbereiten und prägen. Das erleben heute alle Menschen, die Jesus Christus nachfolgen und dienen wollen. Die gleiche Erfahrung machte Israel von den ersten Tagen seiner Geschichte an.

In Ägypten

Joseph, der Lieblingssohn Jakobs, wurde von seinen Brüdern aus Neid als Sklave nach Ägypten verkauft (1. Mose 37). Gott aber sorgte dafür, daß er im Reich Pharaos zum zweitmächtigsten Mann aufstieg. Während einer großen Hungersnot holte Joseph, der seinen Brüdern verziehen hatte, diese mit ihren Familien und seinem Vater nach Ägypten. Er siedelte sie in der Landschaft Gosen an, zwischen dem Nil und dem heutigen Suezkanal. Über 400 Jahre lebte Israel in diesem Gebiet und entwickelte sich dabei zu einem zahlenmäßig starken Volk. Gott hatte das bereits Abraham vorausgesagt: »Das sollst du wissen, daß deine Nachkommen werden Fremdlinge sein in einem Lande, das nicht das ihre ist; und da wird man sie zu dienen zwingen und plagen 400 Jahren. Aber ich will das Volk richten, dem sie dienen müssen. Danach sollen sie ausziehen mit großem Gut . . . Sie sollen aber erst nach vier Menschenaltern wieder hierherkommen« (1. Mose 15, 13–16).

Der Auszug aus Ägypten

Gottes Vorhersage erfüllte sich. Nachdem Joseph gestorben war, begann für Israel eine Zeit der Unterdrückung durch die Ägypter. Ihr Elend war groß, und sie begannen, zu Gott um Hilfe und Errettung zu rufen. Gott erhörte sie und tat das, was er in seinem Plan vorgesehen hatte. Mose, ein Sohn hebräischer Eltern, war durch Gottes Fügung am Hof Pharaos erzogen worden und »gelehrt in aller Weisheit der Ägypter« (Apostelgeschichte 7, 20–22). Ihn berief Gott zum Führer des Volkes und erteilte ihm den Auftrag, die Israeliten aus Ägypten zu führen. Nach Botschaften und Wunderzeichen Gottes begann der große Exodus Israels. Über sechzigmal wird in der Bibel auf dieses wichtige Ereignis Bezug genommen. Nach 2. Mose 12, 37. 38 nahmen allein 600 000 Männer an diesem riesigen Treck teil; die Zahl der Frauen, Kinder und Fremdlinge wird nicht genannt.

Nachdem Gott die Israeliten auf wunderbare Weise durch das Schilfmeer geführt hatte, begann für sie eine vierzigjährige Wanderschaft durch die Sinai-Halbinsel. Ihres Ungehorsams wegen durften sie »das Land, in dem Milch und Honig fließt«, nicht eher betreten. Eine ganze Generation mußte vorher sterben (4. Mose 14). Dennoch ließ Gott dieses Volk nicht im Stich. 40 Jahre lang versorgte er es mit Wasser, Nahrung und Kleidung. Während dieser Zeit empfing Israel am Sinai die Zehn Gebote. Auf Anordnung Gottes wurde die Stiftshütte gebaut, ein kunstvoll gefertigtes Zelt mit verschiedenen heiligen Geräten. Dieses Heiligtum wurde jeweils in der Mitte des Lagers errichtet und vermittelte dem Volk die Gewißheit der Nähe Gottes. Nach 40 Jahren endlich bewegte sich der Treck des

Volkes von der südlichen Sinaihalbinsel, am Ostufer des Toten Meeres entlang, in Richtung Kanaan.

Die Einnahme Kanaans

Kurz bevor man das verheißene Land erreichte, starb Mose auf dem Berg Nebo. Aber Gott hatte dem Volk bereits einen neuen Anführer bestimmt: Josua. Unter seiner Führung überquerte Israel bei Jericho den Jordan und drang in Kanaan ein. Josua war es auch, der das Land unter die zwölf Stämme aufteilte. Die bisherigen Einwohner wurden vertrieben. Einem Teil jedoch gewährte man unter den Stämmen Israels Wohnrecht (Richter 1 und 2); das wurde diesen später zum Verhängnis, wie Gott es vorausgesagt hatte. Die Philisterstädte Gaza, Ekron, Asdod, Askalon und Gath konnten zunächst nicht erobert werden. Auch die von den Jebusitern besetzte Stadt Jerusalem konnte lange Zeit Widerstand leisten, bis es schließlich König David gelang, sie einzunehmen und zur Hauptstadt des Landes zu machen.

Die Zeit der Richter

Nach dem Tod Josuas fehlte in Israel eine markante Führergestalt: »Zu der Zeit war kein König in Israel, und jeder tat, was ihm recht dünkte« (Richter 17, 6). Die Stämme waren nur lose miteinander verbunden, und auch eine geistliche Autorität fehlte. So verfiel das Volk dem Götzendienst und beleidigte damit den Gott, der es zu seinem Eigentum erwählt hatte. Deshalb ließ dieser harte Strafgerichte über das Volk kommen. In solchen Notzeiten wendete das Volk sich wieder dem wahren Gott zu. Er erhörte ihre Gebete und wählte aus ihren Reihen Männer und Frauen, die vorübergehend als Führer des Volkes anerkannt wurden. Sie retteten Israel mit Gottes Hilfe vor den das Volk bedrängenden Feinden. Erst der Prophet Samuel wurde in Israel wieder zu einer echten Autorität.

Die Könige Saul, David und Salomo

Zur Zeit Samuels traten die zwölf Stämme an den Propheten heran mit der Bitte um einen König (1. Samuel 8). Das war eine Zurücksetzung Gottes, der bisher als der »König« des Volkes gehandelt hatte. Trotzdem gab Gott Samuel die Anweisung, diesem Wunsch zu entsprechen und ließ ihn den jungen Saul aus dem Stamm Benjamin zum König salben. Aber Saul wurde seiner Verantwortung vor Gott nicht gerecht. Er wurde verworfen und fiel auf dem Schlachtfeld.

David aus Bethlehem, dem Stamm Juda angehörig, wurde sein Nachfolger. Die Bibel bezeichnet ihn als einen »Mann nach dem Herzen Gottes«. Er erhielt die Verheißung, daß aus seinen Nachkommen der Messias hervorgehen sollte. David regierte zunächst sieben Jahre von Hebron aus und verlegte dann den Regierungssitz nach Jerusalem. Während seiner vierzigjährigen Regierungszeit wurden die im Lande verbliebenen kanaanitischen Enklaven erobert und die Philister und Aramäer (Syrer) in mehreren Kriegen zurückgedrängt. Das Reich Davids erstreckte sich nun von Eilat am Roten Meer bis an den Euphrat.

Sein Sohn Salomo festigte die Macht des Königshauses. Unter ihm erlebte Israel seine größte Blütezeit. Auf dem von seinem Vater gekauften Felsplateau Moria ließ er in Jerusalem den ersten Tempel bauen, der die Stiftshütte ablöste (ca. 950 v. Chr.).

Die Teilung des Reiches

Uneinigkeit und gegenseitiges Unverständnis führten bereits um 930 v. Chr. zur Spaltung des Reiches. Letztlich ist diese jedoch eine Strafe Gottes für den Götzendienst des Volkes (1. Könige 11, 29 ff.).

Zu dieser Trennung kam es nach dem Tod Salomos. Es entstand das größere Nordreich, dem sich zehn Stämme anschlossen, und das die Bezeichnung Israel beibehielt. Seine Hauptstadt wurde Samaria. Die beiden übrigen Stämme bildeten das kleinere Südreich Juda mit der alten Hauptstadt Jerusalem.

Im Nordreich führte König Jerobeam eine Art Ersatzreligion ein mit Stierbildern in Bethel und Dan. Er fürchtete eine politische Schwächung seiner Herrschaft, wenn die zehn Stämme weiterhin nach Jerusalem pilgerten, um im dortigen Tempel Gott anzubeten. Der Götzendienst gewann mehr und mehr die Oberhand. Aber auch im Südreich Juda nahm die Gottlosigkeit zu. Beide Teilstaaten nahmen eine Entwicklung, die zu einem Gericht Gottes führen mußte.

Die Zerstreuung Israels

Gott hatte dem Volk gegenüber immer wieder bestätigt, daß es das verheißene Land Kanaan besitzen sollte. Und er wiederholte immer neu seine Absicht, es zu segnen. Seine Verheißungen waren jedoch an die Bedingungen des Bundes geknüpft, den er mit dem Volk geschlossen hatte; sie besagten, daß das Volk ihm Gehorsam zu leisten und ihm allein zu dienen hatte. Bei bewußter Abwendung von Gott sollte der Fluch das Volk treffen. Gott ging in seiner Warnung so weit, daß er dem Volk mit der Vertreibung aus dem ihm zugesprochenen Land drohte: »Wenn ihr nun Kinder zeugt und Kindeskinder und im Lande wohnt und euch versündigt und macht euch Bildnisse von irgendeiner Gestalt, so daß ihr übel tut vor dem Herrn, eurem Gott, und ihn erzürnt, so rufe ich heute Himmel und Erde zu Zeugen über euch, daß ihr bald weggerafft werdet aus dem Lande, in das ihr geht über den Jordan, um es einzunehmen. Ihr werdet nicht lange darin bleiben, sondern werdet vertilgt werden. Und der Herr wird euch zerstreuen unter die Völker, und es wird von euch nur eine geringe Zahl übrigbleiben unter den Nationen, zu denen euch der Herr wegführen wird« (5. Mose 4, 25–27).

Aber Gott beschränkte sich nicht darauf, dem Volk im Falle des Ungehorsams den Verlust seines Landes anzukündigen. Er ließ ihm sogar die Leiden schildern, die es in der Zerstreuung durchzumachen haben würde: »Und wie der Herr sich zuvor freute, euch Gutes zu tun und euch zu mehren, so wird er sich nun freuen, euch umzubringen und zu vertilgen, und ihr werdet herausgerissen werden aus dem Lande, in das du jetzt ziehst, es einzunehmen. Denn der Herr wird dich zerstreuen unter alle Völker von einem Ende bis ans andere; und du wirst dort anderen Göttern dienen, die du nicht kennst noch deine Väter: Holz und Steinen. Dazu wirst du unter jenen Völkern keine Ruhe haben, und deine Füße werden keine Ruhestatt finden. Denn der Herr wird dir dort ein bebendes Herz geben und erlöschende Augen und eine verzagende Seele, und dein Leben wird immerdar in Gefahr schweben; Nacht und Tag wirst du dich fürchten und deines Lebens nicht sicher sein. Morgens wirst du sagen: ›Ach, daß es Abend wäre!‹ und abends wirst du sagen: ›Ach, daß es Morgen wäre!‹ vor Furcht deines Herzens, die dich schrekken wird, und vor dem, was du mit deinen Augen sehen wirst« (5. Mose 28, 63–67).

Diese von Gott angedrohte Zerstreuung des Volkes erfüllte sich auf furchtbare Weise. Gott bediente sich dazu zu verschiedenen Zeiten verschiedener Völker.

Die Bewohner des Nordreichs werden nach Assyrien weggeführt

Dieses Ereignis wird durch mehrere prophetische Aussagen ange-kündigt: »Und der Herr wird Israel schlagen, daß es schwankt, weil das Rohr im Wasser bewegt wird, und wird Israel ausreißen aus dem guten Lande, das er ihren Vätern gegeben hat, und wird sie zer-streuen jenseits des Euphrat, wie sie sich Ascherabilder gemacht ha-ben, den Herrn zu erzürnen« (1. Könige 14, 15).

Auch Amos mußte das Strafgericht ankündigen: ». . . so will ich euch wegführen lassen bis jenseits von Damaskus, spricht der Herr, der Gott Zebaoth heißt« (Amos 5, 27). – ». . . Israel wird aus sei-nem Lande gefangen weggeführt werden« (Amos 7, 11). Und Jesaja sagt voraus, durch wen die Wegführung in die Gefangenschaft er-folgen wird: »durch den König von Assyrien« (Jesaja 7, 17. 20).

Im Jahr 722 v. Chr. mußte sich Israel, nach langer Belagerung sei-ner Hauptstadt Samaria, geschlagen geben. Im Anschluß an diese Niederlage wurde die Bevölkerung nach Assyrien verbannt. Im bi-blischen Bericht darüber heißt es: »Im 9. Jahr Hoseas eroberte der König von Assyrien Samaria und führte Israel weg nach Assyrien« (2. Könige 17, 6). – Da »zog Salmanasser, der König von Assyrien, herauf gegen Samaria und belagerte es und nahm es nach drei Jahren ein . . . und der König von Assyrien führte Israel weg nach Assyri-en« (2. Könige 18, 9–11).

Der assyrische König siedelte daraufhin Menschen aus fremden Ländern in Samaria an. In 2. Könige 17, 24–41 wird berichtet, daß diese heidnischen Götzen dienten. Eine Unterweisung im Gesetz Jahwes, die auf Befehl des assyrischen Königs von einem Priester der ins Exil geführten Israeliten vorgenommen wurde, brachte we-nig Erfolg: »So fürchteten sie den Herrn, aber dienten auch den an-deren Göttern nach dem Brauch der Völker, von denen man sie her-gebracht hatte.« Den Erfolg dieses Unternehmens kann man als »re-ligiösen Mischmasch« bezeichnen. Die Nachkommen dieser Leute bereiteten den aus Babel zurückkehrenden Juden viele Schwierig-keiten (vgl. Esra 4, 2–10). Von ihnen stammen die später von den frommen Juden verachteten Samariter ab.

Die Bevölkerung des Südreichs gerät in babylonische Gefangenschaft

Über ein Jahrhundert später traf das Gericht Gottes auch das Südreich Juda mit seiner Hauptstadt Jerusalem und dem Tempel. Der Prophet Jeremia, der unter dem gottlos gewordenen Volk besonders zu leiden hatte, sagte die Wegführung nach Babylon voraus: »Und ich will ganz Juda in die Hand des Königs von Babel geben, der soll sie wegführen nach Babel und mit dem Schwert töten« (Jeremia 20, 4). Jerusalem wird in der Gerichtsandrohung besonders erwähnt, und auch der Grund dafür wird angegeben: »Darum, so spricht der Herr: Siehe, ich gebe diese Stadt in die Hand der Chaldäer und in die Hand Nebukadnezars, des Königs von Babel; und er soll sie erobern . . . denn Israel und Juda haben von ihrer Jugend auf getan, was mir mißfällt; ja, die Kinder Israel haben mich erzürnt durch ihrer Hände Werk« (Jeremia 32, 28. 30). Jeremia sagte weiter voraus, daß die Gefangenschaft Judas 70 Jahre dauern sollte: ». . . so daß das ganze Land wüst und zerstört liegen soll. Und diese Völker sollen dem König zu Babel dienen 70 Jahre. Wenn aber die 70 Jahre um sind, will ich heimsuchen den König zu Babel und jenes Volk, spricht der Herr, um ihrer Missetat willen, dazu das Land der Chaldäer und will es zur ewigen Wüste machen« (Jeremia 25, 11. 12).

Als die Neubabylonier (die Chaldäer) das assyrische Reich zerschlugen und nahezu auch ganz Palästina besetzten, wurde auch Juda überrannt. Gottes Vorhersage erfüllte sich wiederum genau. Die erste Wegführung der Bevölkerung des Südreiches Juda erfolgte im Jahr 597 v. Chr.; eine weitere schloß sich 586 v. Chr. an (vgl. 2. Könige 24 u. 25). Eine der hervorragenden Persönlichkeiten unter den ins Exil geführten Juden war Daniel. Als Prophet empfing er von Gott heilsgeschichtliche Offenbarungen, gelangte in Babel aber auch als Staatsmann zu hohen Ehren. Nach der Wegführung des Volkes nach Babylon legte Nebukadnezar Jerusalem in Schutt und Asche. Auch der Tempel Salomos, etwa 400 Jahre lang jüdisches Heiligtum, wurde zerstört.

Dennoch besaßen die Juden die Hoffnung, nach 70 Jahren in das Land ihrer Väter zurückkehren zu dürfen. Nach Ablauf dieser Zeit erhielt die erste jüdische Gruppe von dem Perserkönig Cyros, der die Babylonier besiegt hatte, die Erlaubnis zur Rückkehr nach Jerusalem. Im Lauf der nächsten Jahre kehrten weitere jüdische Gruppen aus der Verbannung zurück. Die Stadt Jerusalem und ihre Mauern wurden wieder aufgebaut und ein zweiter Tempel errichtet.

Zerstreuung in alle Welt durch die Römer

Die von Babel zurückgekehrten Juden und die ihnen folgenden Generationen durchlebten unruhige Zeiten. Zwar gelang es ihnen, für kurze Zeit ein unabhängiges Reich zu errichten, doch gerieten sie bald wieder unter fremde Herrschaft. Alexander der Große, der Medo-Persien besiegte, nahm auch Palästina ein und kam 332 v. Chr. nach Jerusalem. Nach seinem Tod geriet Palästina unter die Herrschaft verschiedener Machthaber. Ägyptische und schließlich syrische Besetzung schloß sich an. Im Jahr 168 v. Chr. plünderte Antiochus IV. Epiphanes von Syrien den zweiten Tempel in Jerusalem. Er schändete ihn, indem er darin ein Schwein opferte, das für die Juden als unreines Tier gilt. Er verbot den jüdischen Gottesdienst und stellte im Vorhof des Tempels einen heidnischen Altar auf. Viele Christen sehen in Antiochus Epiphanes einen Vorläufer des Antichristen, der vor der sichtbaren Wiederkunft Jesu Christi auftreten wird.

167 v. Chr. nahm der jüdische Priester Mattathias mit seinen fünf Söhnen den Kampf gegen die Unterdrücker auf. Unter ihnen gelangte Judas Makkabäus (der »Hammer«) zu besonderer Berühmtheit. Die aufständischen Juden gingen als Sieger hervor und befreiten Jerusalem. Im Dezember des Jahres 165 v. Chr. konnte der Tempel neu geweiht werden. Zur Erinnerung daran begingen die Juden danach jährlich das Fest der Tempelweihe (Johannes 10, 22).

Judas Makkabäus fiel im Kampf gegen die Syrer. Daraufhin wurde sein Bruder Simon als erblicher Priester und Fürst eingesetzt; mit ihm begann die Dynastie der Hasmonäer. Seine Nachkommen jedoch waren oft zerstritten. Das machten sich die Römer zunutze, und im Jahre 64 v. Chr. eroberte Pompejus Jerusalem. Palästina wurde römische Provinz. Als römischer Prokurator wurde der Idumäer Antipater eingesetzt. Sein Sohn, der ihm im Amt folgte, wurde von den Römern zum König ernannt und ging als Herodes der Große in die Geschichte ein. Zu seiner Zeit wurde Jesus in Bethlehem geboten.

Nach dem Bericht des Lukas war Jesus etwa 30 Jahre alt, als er seine drei Jahre dauernde öffentliche Wirksamkeit begann. Aber die Juden erkannten ihn nicht als Messias an, sondern sahen in ihm einen Gotteslästerer. Unter dem Prokurator Pontius Pilatus ließen sie ihn durch die römische Besatzungsmacht kreuzigen. Leichtfertig riefen sie: »Sein Blut komme über uns und unsere Kinder!« (Matthäus

27, 25). Wenige Jahrzehnte später ging dieser Ausruf auf furchtbare Weise in Erfüllung. Jesus hatte das in seiner Weissagung über Jerusalem vorausgesagt: »Und als Jesus nahe hinzukam, sah er die Stadt (Jerusalem) an und weinte über sie und sprach: Wenn doch auch du erkenntest zu dieser Zeit, was zu deinem Frieden dient! Aber nun ist es vor deinen Augen verborgen. Denn es werden über dich die Tage kommen, daß deine Feinde um dich und deine Kinder einen Wall aufwerfen, dich belagern und an allen Orten ängstigen; und werden dich schleifen und keinen Stein auf dem anderen lassen, darum, daß du nicht erkannst hast die Zeit, darin du heimgesucht bist« (Lukas 19, 41–44). Und noch einmal äußert sich Jesus prophetisch zu dem bevorstehenden, schrecklichen Ereignis: »Denn es sind Tage der Vergeltung, damit erfüllt werde alles, was geschrieben ist. Wehe aber den Schwangeren und Säugenden in jenen Tagen! Denn es wird große Not auf Erden sein und ein Zorn über dies Volk, und sie werden fallen durch des Schwertes Schärfe und gefangengeführt unter alle Völker; und Jerusalem wird zertreten werden von den Heiden, bis daß der Heiden Zeit erfüllt ist« (Lukas 21, 22–24).

Auch die Zerstörung des zweiten Tempels, den Herodes zu einem Prachtbau umgestaltet hatte, sagte Jesus voraus: »Und Jesus ging hinweg von dem Tempel, und seine Jünger traten zu ihm, daß sie ihm zeigten des Tempels Gebäude. Er aber sprach zu ihnen: Seht ihr nicht das alles? Wahrlich, ich sage euch: Es wird hier nicht ein Stein auf dem anderen bleiben, der nicht zerbrochen werde« (Matthäus 24, 1. 2). Der Prophet Daniel hatte die Zerstörung Jerusalems und des Tempels schon ungefähr 600 Jahre früher angekündigt: »Und nach 62 (Jahr-)Wochen wird ein Gesalbter (Christus) ausgerottet werden und nicht mehr sein. Und das Volk eines Fürsten wird kommen und die Stadt und das Heiligtum zerstören« (Daniel 9, 26).

Die Juden waren stets von einem starken Freiheitsdrang erfüllt. Immer wieder versuchten sie, das fremde Joch abzuschütteln. Auch im Jahr 66 n. Chr. kam es zu einem Aufstand gegen die Römer. Er endete im Jahr 70 mit einem Sieg des römischen Feldherrn Titus, der wenig später Kaiser wurde. Wie die Propheten vorausgesagt hatten, wurde Jerusalem in Schutt und Asche gelegt und der Tempel zerstört. Sogar der Tempelplatz wurde umgepflügt. Der jüdische Geschichtsschreiber Josephus Flavius berichtet in seinem Buch »Der jüdische Krieg«, daß im Verlauf dieses Kampfes 1 100 000 Menschen ihr Leben lassen mußten und 97 000 in die Sklaverei weggeführt wurden.

Die letzte Festung, Masada am Toten Meer, fiel drei Jahre später nach heldenhaftem Kampf in die Hände der Römer. Die 960 jüdischen Verteidiger nahmen sich selbst das Leben, um der Schande einer Gefangenschaft zu entgehen.

Unter Simon Bar Kochba, der von Rabbi Akiba zum Messias ausgerufen wurde, wagten die stark dezimierten Juden noch einmal einen Aufstand gegen die Römer. Nach drei Jahre dauernden grausamen Kämpfen besiegte Kaiser Hadrian die Aufständischen im Jahr 135 n. Chr. Die überlebenden Juden wurden in alle Welt vertrieben. Das Betreten Jerusalems wurde ihnen verboten. Unter dem Namen Aelia Capitolina wurde die Stadt römische Militärkolonie.

Was für die Juden als Fluch und Strafe galt, erwies sich für die übrigen Völker als Segen:

● Auf diese Weise konnte die Gemeinde Jesu entstehen. Jesus sagte zu den Juden: »Das Reich Gottes wird von euch genommen und einem Volk gegeben, das seine Früchte bringt« (Matthäus 21, 43). Damit meinte er seine Gemeinde, die sich aus Angehörigen aller Völker zusammensetzen sollte. Der Apostel Paulus schreibt dazu: »Durch ihren Fall ist den Heiden (Nationen) das Heil widerfahren, damit Israel ihnen nacheifern sollte« (Römer 11, 11).

● Durch die Zerstreuung wurden die Juden zum »Brückenkopf« für das Evangelium. Überall in der Welt bauten sie Synagogen. Unter vielen Völkern machten sie Gott als den Schöpfer des Himmels und der Erde sowie auch das Alte Testament bekannt. Die Apostel, die sich anschickten, den Missionsbefehl Jesu auszuführen, begannen ihre evangelistische Tätigkeit in der ersten Zeit meist in den Synagogen.

● Die Nationen (alle übrigen Völker) erfuhren durch die Juden eine Bereicherung, vor allem auf den Gebieten der Kunst, der Kultur und der Wissenschaften.

Die Völker jedoch erwiesen sich den in aller Welt zerstreuten Juden gegenüber wenig dankbar. Man verfolgte sie unbarmherzig als Fremdlinge. Millionen von Juden wurden getötet. Jeder politische Beobachter mußte den Eindruck gewinnen, daß er sich hier einem Volk gegenüber sah, das keine Chance mehr hatte, für das es keine Zukunft gab. Die Bibel jedoch spricht an vielen Stellen davon, daß Gott selbst den Verstreuten Hoffnung zusprach und ihnen die

Rückkehr ins Land ihrer Väter und die Wiederannahme als Gottes eigenes Volk verhieß, wenn bis dahin auch Jahrhunderte vergehen sollten. In der Zwischenzeit galt für die Juden, was Gott dem in die babylonische Gefangenschaft ziehenden Volk sagen ließ: »So ziehet nun hin, die ihr dem Schwert entronnen seid, und säumet nicht. Gedenket des Herrn im fernen Lande und lasset euch Jerusalem im Herzen sein!« (Jeremia 51, 50).

Die Sammlung Israels

Ministerpräsidentin Golda Meir, von 1969–1974 Regierungschefin des jungen Staates Israel, schrieb in einem Zeitungsartikel:

> »2000 Jahre lang lebte unser Volk im Exil, war Massakern und Diskriminierungen ausgesetzt. Aber das jüdische Volk hatte den Mut, einen großen Traum zu träumen: ›Eines Tages werden wir zurückkehren in das Land, aus dem wir zweimal vertrieben wurden. Wir werden wieder unseren eigenen souveränen Staat errichten. Wir werden mit unseren Händen das Land wieder aufbauen. Wir werden in Frieden mit unseren Nachbarn und im Frieden mit der ganzen Welt leben.‹ Ein Teil dieses Traumes ist Wirklichkeit geworden.«[4]

Inzwischen ist der neue Staat Israel eine Realität; aber er wird von vielen Völkern als Fremdkörper betrachtet und angefeindet.

Auch die Christen sind sich über die Bedeutung des gegenwärtigen Staates Israel nicht einig. Vielfach wird die Meinung vertreten, daß Israel als Volk und Nation keine göttliche Verheißung mehr habe, daß die Gemeinde Jesu Christi an die Stelle Israels getreten sei.

Unterschiedliche christliche Meinungen über das heutige Israel

Ein Bericht in dem evangelischen Kirchenblatt »Weg und Wahrheit« vom Oktober 1973 macht diese Auffassung deutlich:

> »Eine tiefe Kluft zwischen den dreizehn arabischen Teilnehmern und den zwölf Theologen aus westlichen Ländern sei bei einer Konsultation über die Bedeutung des Volkes Israel für den christlichen Glauben Ende September in Brumana (Libanon) zum Ausdruck gekommen . . . Vergeblich hätten die westlichen Theologen – darunter der Neutestamentler Markus Barth, der Sohn Karl Barths – versucht, anhand von Bibeltexten die ununterbrochene Heilsgeschichte im Alten und Neuen Testament und den besonderen Platz, den das jüdische Volk und seine Rückkehr nach Israel in Gottes Heilsplan einnähmen, deutlich zu machen. Der griechisch-orthodoxe Metropolit Bischof Khodr (Libanon) habe dringend die ›Entmythologisierung Israels‹ gefordert und die Ansicht

vertreten, mit der endgültigen Offenbarung Gottes in Jesus Christus sei die Heilsgeschichte des jüdischen Volkes endgültig abgeschlossen. Deshalb sei es unmöglich ›noch von einem anderen Platz des jüdischen Volkes neben der Kirche Christi‹ zu reden. Nach Ansicht der Theologin Dr. Flessemann kann der scharfe Gegensatz zwischen diesen beiden Auffassungen im Augenblick nicht überbrückt werden.«

Biblische Voraussagen

Die biblischen Schriftsteller aber sprechen davon, daß Israel nur für eine bestimmte Zeit von Gott beiseite gesetzt worden ist. So schreibt der Apostel Paulus: »Hat Gott sein Volk (Israel) verstoßen? Das sei ferne! . . . Blindheit ist Israel widerfahren solange, bis die Fülle der Heiden eingegangen ist, und alsdann wird das ganze Israel gerettet werden, wie geschrieben steht (Jesaja 59, 20; Jeremia 30, 31): ›Es wird kommen aus Zion der Erlöser, der da abwendet das gottlose Wesen von Jakob. Und dies ist mein Bund mit ihnen, wenn ich ihre Sünde werde wegnehmen.‹ Nach dem Evangelium sind sie zwar Feinde um euretwillen; aber nach Gottes gnädiger Wahl sind sie Geliebte um der Väter willen. Denn Gottes Gaben und Berufung können ihn nicht gereuen« (Römer 11, 1. 25–29).

Hier geht es eindeutig um Israel als Volk, das einmal durch den Glauben an Jesus Christus gerettet werden wird, wenn die Vollzahl der Gemeinde Jesu Christi, die nur Gott kennt, erreicht ist. Die Heilsgeschichte Israels ist demnach noch nicht abgeschlossen.

Als die Jünger Jesus vor seiner Himmelfahrt fragten: »Wirst du in dieser Zeit wieder aufrichten das Reich für Israel?«, bejahte Jesus diese Frage, fügte jedoch hinzu: »Es gebührt euch nicht, zu wissen Zeit oder Stunde, welche der Vater in seiner Macht bestimmt hat« (Apostelgeschichte 1, 6. 7). Damit deutet Jesus an, daß Israel auch als Volk und Nation noch einmal eine Rolle spielen wird.

Als Jesus von der Zerstörung Jerusalems sprach (Lukas 21, 24), wies er zugleich auf die zeitliche Begrenzung dieser Verwerfung hin: »Jerusalem wird zertreten werden von den Heiden, *bis* die Zeit der Nationen erfüllt ist.«

Einen deutlichen Hinweis gibt auch Offenbarung 7, 1–8. Hier wird von den 144 000 aus den Stämmen Israels gesprochen, die von Gott versiegelt werden, bevor die großen Gerichte Gottes über die Erde hereinbrechen. Daß in diesem Text mit »Israel« keine besondere christliche Gruppe oder ganz allgemein die Gemeinde Jesu Christi gemeint ist, geht daraus hervor, daß die einzelnen Stämme Israels mit Namen genannt werden: »Und ich hörte die Zahl derer, die versiegelt wurden: hundertvierundvierzigtausend, die versiegelt waren von allen Geschlechtern Israels: von dem Geschlecht Juda zwölftausend versiegelt, von dem Geschlecht Ruben zwölftausend . . .« usw.

Schließlich spricht auch der Prophet Daniel davon, daß Israel in der Endzeit noch einmal besonders in Erscheinung treten wird. Hier einige Verse aus Daniel 12:

Vers 1: »Zu jener Zeit wird Michael, der große Engelfürst, der für dein Volk Israel eintritt, sich aufmachen. Denn es wird eine Zeit so großer Trübsal sein, wie sie nie gewesen ist, seitdem es Menschen gibt, bis zu jener Zeit. Aber zu jener Zeit wird *dein Volk* errettet werden, alle, die in dem Buch geschrieben stehen.«

Vers 7: ». . . und schwor bei dem, der ewiglich lebt, daß es eine Zeit und zwei Zeiten und eine halbe Zeit währen soll; und wenn die Zerstreuung des heiligen Volkes ein Ende hat, soll solches alles geschehen.«

Vers 9: ». . . denn es ist verborgen und versiegelt bis auf die letzte Zeit.«

Daniel wird damit gezeigt, daß

a) eine große Trübsal stattfinden wird, in der Israel (»dein Volk«) zum Glauben kommen wird;

b) diese Zeit der Trübsal dann stattfinden wird, wenn die Zerstreuung Israels (»des heiligen Volkes«) ein Ende hat;

c) dies alles Israel »in der letzten Zeit« widerfahren soll.

Nach diesen Aussagen der Bibel muß das Volk Israel, dem Willen Gottes entsprechend, noch einmal eine ganz bestimmte Rolle übernehmen. Deshalb muß es aus der Zerstreuung zurückkehren; und diese erneute Sammlung des Volkes wird durch viele prophetische Aussprüche angekündigt und bestätigt.

So sagt Jesaja: »Und der Herr wird zu der Zeit ein Zeichen aufrichten unter den Völkern und zusammenbringen die Verjagten Israels und die Zerstreuten Judas sammeln von den vier Enden der Erde« (Jesaja 11, 11. 12).

Aus dem Textzusammenhang wird deutlich, daß es sich hier nicht um die Rückkehr aus der Babylonischen Gefangenschaft handelt, sondern um die Rückführung der zwölf Stämme aus der Zerstreuung in die ganze Welt.

In Jesaja 43, 5–6 heißt es: »So fürchte dich nun nicht, denn ich bin bei dir, ich will vom Osten deine Kinder bringen und dich vom Westen her sammeln. Ich will sagen zum Norden: Gib her! Und zum Süden: Halte nicht zurück! Bring her meine Söhne von ferne und meine Töchter vom Ende der Erde. Alle, die mit meinem Namen genannt sind, die ich zu meiner Ehre geschaffen und zubereitet und gemacht habe.«

In Jesaja 60, 4. 8. 9 wird angedeutet, wie Israel in das Land seiner Väter zurückkehren wird: »Hebe deine Augen auf und sieh um dich her: Diese alle sind versammelt und kommen zu dir. Deine Söhne werden von ferne kommen und deine Töchter auf dem Arme hergetragen werden ... Wer sind die, die da fliegen wie Wolken und wie die Tauben zu ihren Schlägen ... Die Tarsisschiffe harren, daß sie deine Söhne von ferne herbringen . . .« – Diese Vorhersage hat sich vor unseren Augen verwirklicht: auf Schiffen und mit Flugzeugen kehren Juden aus aller Welt in den Staat Israel zurück.

Auch in Hesekiel 37 wird beschrieben, wie Israel zurückkehrt und zum Glauben kommt. Der Prophet sieht ein großes Feld voller Totengebeine. Nach Gottes Willen fügen sich die Knochen wieder ordnungsgemäß zusammen, Fleisch und Adern wachsen darüber, und endlich werden sie durch den Odem Gottes lebendig. Anschließend erklärt Gott dem Propheten: »Du Menschenkind, diese Gebeine sind das ganze Haus Israel. Siehe, jetzt sprechen sie: Unsere Gebeine sind verdorrt, und unsere Hoffnung ist verloren, und es ist aus mit uns. Darum weissage und sprich zu ihnen: So spricht der Herr: Siehe, ich will eure Gräber auftun und hole euch, mein Volk, aus euren Gräbern heraus und bringe euch ins Land Israels. Und ihr sollt erfahren, daß ich der Herr bin, wenn ich eure Gräber öffne, und euch, mein Volk, aus euren Gräbern heraushole. Und ich will meinen Odem in euch geben, daß ihr wieder leben sollt, und will euch in euer Land setzen, und ihr sollt erfahren, daß ich der Herr bin« (Hesekiel 37, 11–14).

Diese und viele andere Verheißungen hatte Gott seinem in alle Welt verstreuten Volk gegeben. Über Jahrtausende hinweg hatte er die Sehnsucht der Juden nach dem Land ihrer Väter wachgehalten. Und endlich gab Gott »grünes Licht« für den Beginn einer Rückkehr, die zunächst nur langsam vonstatten ging, da es noch mancherlei Hindernisse zu überwinden galt.

Die ersten Juden in Palästina

Die wenigen in Palästina lebenden Juden und die ersten Einwanderer begannen um 1860 außerhalb der Stadtmauer Jerusalems ein jüdisches Wohnviertel zu errichten. Nach und nach wurden Siedlungen und Dörfer angelegt, die sich im Lauf der letzten Jahrzehnte zum Teil zu großen Städten entwickelt haben. Jeder Quadratmeter Bau- und Ackerland mußte Arabern und Türken, z. B. dem hochverschuldeten Sultan Abdul Hamid II., abgekauft und teuer bezahlt werden. Aber auch das war von den Propheten bereits vorausgesagt worden: »Siehe, ich will sie sammeln aus allen Ländern, wohin ich sie verstoße in meinem Zorn, Grimm und großen Unmut, und will sie wieder an diesen Ort bringen, daß sie sicher wohnen sollen ... Man wird Äcker um Geld kaufen und verbriefen und versiegeln und Zeugen dazu nehmen im Lande Benjamin und um Jerusalem her und in den Städten Judas, in den Städten auf dem Gebirge, in den Städten des Hügellandes und in den Städten des Südlandes [Negev]; denn ich will ihr Geschick wenden, spricht der Herr« (Jeremia 32, 37. 44).

Golda Meir, die 1898 als Tochter des Zimmermanns Mabowitsch im Getto von Kiew geboren wurde, floh im Alter von acht Jahren mit ihrer Familie vor den Judenpogromen in Rußland nach Amerika. Dort stieß sie zur zionistischen Bewegung. 1921 brach sie mit ihrem Mann nach Palästina auf. Über ihre Erfahrungen in der Pionierzeit, lange vor der Staatsgründung, berichtet sie:

»Als der Völkerbund nach dem Ende des Ersten Weltkrieges das Mandat über Palästina Großbritannien zuerkannte, schienen die von der Balfour-Deklaration neugeweckten Hoffnungen auf Gründung einer nationalen Heimat der Juden auf dem Weg der Erfüllung. Schon früher, 1901, war von der Zionistenbewegung der Jewish National Fund gegründet worden; sein einziger Zweck war, in Palästina im Namen des ganzen jüdischen Volkes Land aufzukaufen und zu erschließen. In der Tat war ein großer Teil des jüdischen Landbesitzes in Palästina vom ›Volk‹ gekauft worden: von den Bäckern, Schneidern und Zimmerleuten aus Pinsk, Berlin und Milwaukee.

Seit meiner Kindheit erinnere ich mich an die kleine, blaue Sammelbüchse, die neben dem Sabbatleuchter in unserem Wohnzimmer stand. Nicht nur wir, sondern auch unsere Gäste warfen jede Woche Münzen hinein; diese ›blaue Büchse‹

gehörte zu jedem jüdischen Heim, das wir besuchten. Wahr ist, daß es diese Münzen waren, die es dem jüdischen Volk ermöglichten, ab 1904 weite Landstriche in Palästina aufzukaufen.

In diesem Zusammenhang: Ich bin es wirklich leid, zu hören, daß die Juden den Arabern in Palästina Land ›gestohlen‹ hätten. Die Wahrheit sieht anders aus. Eine Menge klingender Münzen wechselte damals den Besitzer, und viele Araber wurden steinreich. Natürlich gab es noch andere Organisationen und zahllose einzelne, die gleichfalls Land kauften.

Als wir nach Palästina kamen, wurden mehrere solcher Käufe in Emek getätigt. Dabei bestand ein Großteil dieses Gebietes aus tödlichen, schwarzen Sümpfen, in denen sich unvermeidlich Malaria und Schwarzwasserfieber ausbreiteten. Wesentlich war jedoch, daß Juden dieses verpestete Land erwerben konnten, wenn auch nicht billig; einen großen Teil kaufte der Jewish National Fund von einer einzigen, wohlhabenden Araberfamilie, die in Beirut lebte. Der nächste Schritt war, dieses Land urbar zu machen.«[5]

Zu den urbar zu machenden Sümpfen gehörte u. a. die Jesreelebene, die heute als Kornkammer des Staates Israel gilt.

Auch daß das verwüstete Land wieder fruchtbar werden sollte, hatte Gott durch die Propheten voraussagen lassen: »Denn ich will euch aus den Heiden herausholen und aus allen Ländern sammeln und wieder in euer Land bringen ... Und man wird sagen: Dieses Land war verwüstet, und jetzt ist es wie der Garten Eden. Und diese Städte waren zerstört, öde und niedergerissen und stehen nun festgebaut und sind bewohnt. Und die Heiden, die um euch her übriggeblieben sind, sollen erfahren, daß ich der Herr bin, der baut, was niedergerissen ist, und pflanzt, was war. Ich, der Herr, sage es und tue es auch« (Hesekiel 36, 24. 35–36).

Von der Erneuerung des zur Wüste gewordenen Landes spricht auch Jesaja: »Ich will Wasserbäche auf den Höhen öffnen und Quellen mitten auf den Feldern und will die Wüste zu Wasserstellen machen und das dürre Land zu Wasserquellen. Ich will in der Wüste wachsen lassen Zedern, Akazien, Myrten und Ölbäume; ich will in der Steppe pflanzen miteinander Zypressen, Buchsbaum und Kiefern« (Jesaja 41, 18–19).

Wer heute nach Israel kommt, kann feststellen, daß vieles von dem, was Gott verheißen hat, bereits in Erfüllung geht. Das Land befindet sich im Aufbau, und der Fortschritt ist nicht zu übersehen. Bewässerte Felder tragen reiche Frucht, so daß ein großer Teil der Agrarerzeugnisse exportiert werden kann. Bäumchen, die vor wenigen Jahren gesetzt wurden, sind zu Wäldern herangewachsen. Ganz allmählich nähert sich das Land einem Zustand, der einer Aussage Jeremias entspricht, in der Gott Israel als »den allerschönsten Besitz unter den Völkern« (Jeremia 3, 18) bezeichnet.

Bis zum heutigen Entwicklungsstand des Staates Israel war es ein langer und schwerer Weg. Gott griff in die Geschichte ein und ebnete den Weg zum Erwerb eigenen Landes und zur Schaffung eines eigenen Staates.

Der Zionismus

Theodor Herzl organisierte 1897 in Basel den ersten Zionistenkongreß. Dieser führte zur Gründung der Zionistischen Weltorganisation, die besonders zwei Ziele verfolgte:

1. die Rückkehr der Juden in das Land ihrer Väter;

2. eine rechtlich gesicherte und international anerkannte Heimstätte für die Juden.

Unter dem Einfluß des Zionismus verstärkte sich die Einwanderung der Juden nach Palästina, das zu dieser Zeit noch unter türkischer Herrschaft stand. Weiterer Landbesitz wurde erworben, Kibbuzim wurden gegründet, und man begann, sich im Lande politisch zu organisieren. 1914 lebten bereits 85 000 Juden in Palästina. Vier Jahre später besetzten die Briten das Land; sie kontrollierten es in den folgenden 30 Jahren.

Die Balfour-Erklärung

Im November 1917 brachte die britische Regierung ihre Sympathie für die zionistische Bewegung in der Balfour-Deklaration zum Ausdruck. Sie versprach darin, die Juden bei der Schaffung einer nationalen Heimstätte zu unterstützen. Die Regierungen anderer Länder erkannten die Erklärung ebenfalls an, und auch einige wichtige Führer der nationalen arabischen Bewegung stimmten ihr zu.

Nach dem Ersten Weltkrieg übertrug der Völkerbund Großbritannien das Mandat über Palästina. In dieser Maßnahme war indirekt die Aufforderung enthalten, den Juden eine nationale Heimstätte zu schaffen. Zu dieser Zeit bemühten sich die jüdischen Führer um eine Verständigung mit der arabischen Gemeinschaft. Die Verhandlungen erstreckten sich über 30 Jahre, blieben jedoch ohne Erfolg, weil die meisten Führer der arabischen Bevölkerung Palästinas jede Anerkennung jüdischer Rechte im Lande ablehnten. Es kam zu Terrorangriffen arabischer Gruppen gegen die in Palästina lebenden Juden. Die Wiedergeburt des jüdischen Staates wurde unter unsäglichen Leiden eingeleitet.

Der Antisemitismus

Die im Exil lebenden Juden hatten im Lauf der Jahrhunderte immer wieder unter Verfolgung zu leiden. Man legte ihnen unerträgliche Lasten wie ungerechte Steuern und Berufsverbote auf, wies ihnen Gettos als Lebensräume zu und machte sie für Mißstände auf sozialem, wirtschaftlichem und politischem Gebiet verantwortlich. Im 19. Jahrhundert führten verschiedene Rassentheorien zu neuen Formen des Antisemitismus. Vor allem in Deutschland, Österreich-Ungarn, Frankreich und Rußland kam es zu grausamen Judenverfolgungen. Diese erreichten ihren Höhepunkt in der Hitlerzeit. Während des Dritten Reiches wurden in Deutschland und den von deutschen Truppen besetzten Gebieten 6 Millionen Juden vernichtet.

Aber so furchtbar diese Verfolgung auch war – Gott benutzte sie, um Israel in das Land seiner Väter zurückzubringen. Die dem Massaker entronnenen Juden flohen zu Tausenden nach Palästina. Bis in die Gegenwart hält der Zustrom von Einwanderern aus Ländern, in denen die Juden unterdrückt und verfolgt werden, an. Wahrscheinlich sind die Bewegung des Zionismus und die weltweiten Judenverfolgungen gemeint, wenn Gott Jeremia von Fischern und Jägern sprechen läßt: »So wahr der Herr lebt, der die Kinder Israel geführt hat aus dem Lande des Nordens und aus allen Ländern, wohin er sie verstoßen hatte. Denn ich will sie zurückbringen in das Land, das ich ihren Vätern gegeben habe. Siehe, ich will viele Fischer aussenden, spricht der Herr, die sollen sie fischen; und danach will ich viele Jäger aussenden, die sollen sie fangen auf allen Bergen und auf allen Hügeln und in allen Felsklüften« (Jeremia 16, 15–16).

Israel wird ein Staat

Am Ende des Zweiten Weltkriegs setzte England der Errichtung einer nationalen jüdischen Heimstatt Widerstand entgegen. Jüdische Flüchtlinge, die in Palästina einwandern wollten, wurden zurückgewiesen oder interniert. Daraufhin begann die kleine jüdische Bewegung im Land sich gegen die britische Mandatsherrschaft aufzulehnen. 1947 legte England dieses Problem den Vereinten Nationen vor. Eine aus elf Mitgliedstaaten gebildete Sonderkommission empfahl die Teilung Palästinas in einen jüdischen und einen arabischen Staat. Jerusalem sollte unter internationale Kontrolle gestellt werden. Am 29. 11. 1947 billigte die Vollversammlung der Vereinten Nationen diesen Vorschlag mit mehr als der erforderlichen Zweidrittelmehrheit. Von jüdischer Seite wurde diese Entscheidung angenommen, von den Arabern jedoch abgelehnt. In den sechs Monaten bis zur Beendigung des britischen Mandats kam es zu Ausschreitungen der Araber gegen die Juden. Diese setzten sich mit Hilfe ihrer Widerstandsorganisationen, vor allem der Hagana, zur Wehr.

Nach jahrzehntelangen Mühen und Kämpfen kam es schließlich am 14. Mai 1948 zur Gründung des Staates Israel. Wieder ging ein Stück biblischer Prophetie in Erfüllung. Frau Golda Meir erinnert sich:

> »Um vier Uhr nachmittags begann die Feier im Tel Aviver Museum. Ben Gurion, im dunklen Anzug und mit dunkler Krawatte, stand auf und klopfte mit einem kleinen Hammer auf den Tisch. Dies sollte für das auf einer Galerie im ersten Stock wartende Orchester das Zeichen sein, die Hatikva, die Nationalhymne, zu spielen. Doch irgendwie ging es schief, es ertönte keine Musik. Spontan standen wir auf und sangen unsere Hymne.

> Ben Gurion räusperte sich und sagte leise: ›Ich werde jetzt die Unabhängigkeitsurkunde verlesen.‹ Er brauchte eine Viertelstunde, um die ganze Proklamation vorzulesen.

> Er sprach langsam und deutlich. Ich erinnere mich, daß er ein wenig die Stimme hob, als er zum elften Absatz kam: ›Demgemäß haben wir, die Mitglieder des Nationalrates, welche das jüdische Volk im Lande Israel und die zionistische Bewegung repräsentieren, uns am Tag der Beendigung des britischen Mandats für Palästina versammelt und proklamieren hiermit kraft unseres natürlichen und historischen Rechts

und der Resolution der Generalversammlung der Vereinten Nationen die Gründung eines jüdischen Staates – den Staat Israel.‹

Der Staat Israel: Meine Augen füllten sich mit Tränen, und meine Hände zitterten. Wir hatten es geschafft. Wir hatten den jüdischen Staat ins Leben gerufen, und ich, Golda Mabowitsch Meyerson, war dabeigewesen. Was immer geschehen würde, welchen Preis wir dafür zu zahlen haben würden, wir hatten die nationale Heimat der Juden geschaffen. Das lange Exil war vorüber.

Fast genau vor fünfzig Jahren, bei Beendigung des ersten Zionistenkongresses in Basel, hatte Theodor Herzl in sein Tagebuch geschrieben: ›In Basel habe ich den jüdischen Staat gegründet. Wenn ich das heute sagte, würde man mich auslachen. Vielleicht schon in fünf, bestimmt jedoch in fünfzig Jahren werden es alle erleben.‹ Und so war es gekommen.

Wie auf ein Signal erhoben wir uns, weinend und klatschend, während Ben Gurion zum erstenmal mit brechender Stimme las: ›Der Staat wird offen sein für jüdische Einwanderer, er wird Flüchtlinge aufnehmen.‹ Dies war das Wesentliche an der Proklamation . . .

Plötzlich trat Rabbi Fischman-Maimon vor und sprach mit zitternder Stimme das traditionelle jüdische Dankgebet: ›Gesegnet seist Du, o Herr, unser Gott, König der Welt, der Du uns am Leben erhalten hast und uns ausdauern ließest und uns bis zu diesem Tag brachtest! Amen.‹ Ich hatte das Gebet oft gehört, doch es hatte nie so große Bedeutung für mich gehabt wie an diesem Tag. Man schrieb den 14. Mai 1948 . . .«[6]

Inzwischen blickt der neue Staat Israel auf drei Jahrzehnte seines Bestehens zurück. Jahr für Jahr kehren Tausende von Juden aus aller Welt in das Land ihrer Väter zurück. Biblische Voraussagen gehen vor unseren Augen in Erfüllung. So ist die Prophezeiung Jesajas eingetroffen: »Denn der Herr wird sich über Jakob erbarmen und Israel noch einmal erwählen und sie in ihr Land setzen« (Jesaja 14, 1).

Auch die Nachkommen des einstigen Nordreiches Israel, die als die »zehn verlorenen Stämme« gelten, wird Gott nach Israel zurückbringen: »Zu der Zeit wird man mit einer großen Posaune blasen, und es werden kommen die Verlorenen im Lande Assur und die Verstoßenen im Lande Ägypten und werden den Herrn anbeten auf dem heiligen Berg zu Jerusalem« (Jesaja 27, 13).

Der Andrang der Rückkehrer wird so stark sein, daß der neue Staat sie kaum zu fassen vermag: »Hebe deine Augen auf und sieh umher: Diese alle sind versammelt und kommen zu dir..., daß deine Söhne, du Kinderlose, noch sagen werden vor deinen Ohren: der Raum ist mir zu eng; mache mir Platz, daß ich wohnen kann« (Jesaja 49, 18. 20).

Während der Anfänge der zionistischen Bewegung hatte man den Gedanken erwogen, in Afrika Land zu erwerben, um dort eine Heimstätte für das jüdische Volk zu schaffen. Aber Gott ließ das nicht zu. Er hatte versprochen, Israel das Land seiner Väter zurückzugeben: »Denn siehe, es kommt die Zeit, spricht der Herr, daß ich das Geschick meines Volkes Israel und Juda wenden will, spricht der Herr; und ich will sie wiederbringen in das Land, das ich ihren Vätern gegeben habe, daß sie es besitzen sollen« (Jeremia 30, 3).

Und Hesekiel sagt: »So spricht Gott der Herr: Ich will euch zusammenbringen aus den Völkern und will euch sammeln aus den Ländern, in die ihr zerstreut seid, und will euch das Land Israel geben« (Hesekiel 11, 17).

Eine Fülle von prophetischen Aussagen weist darauf hin, daß das zerstreute Israel sich wieder im Land der Väter sammeln muß. Gott selbst überwacht diese Rückkehr, und er hat den Heimkehrenden versprochen, sie zu segnen: »Wohlan, ich will dich wiederum bauen, daß du gebaut sein sollst, du Jungfrau Israel; du sollst dich wieder schmücken, Pauken schlagen und herausgehen zum Tanz. Du sollst wiederum Weinberge pflanzen an den Bergen Samarias; pflanzen wird man sie und ihre Früchte genießen ... Ruft laut, rühmet und sprecht: Der Herr hat seinem Volk geholfen, dem Rest Israels! Siehe, ich will sie aus dem Lande des Nordens bringen und will sie sammeln von den Enden der Erde, auch Blinde und Lahme, Schwangere und junge Mütter, daß sie als große Gemeinde wieder hierherkommen sollen. Sie werden weinend kommen, aber ich will sie trösten und leiten. Ich will sie zu Wasserbächen führen auf ebenem Wege, daß sie nicht zu Fall kommen; denn ich bin Israels Vater, und Ephraim ist mein erstgeborener Sohn. Höret, ihr Völker, des Herrn Wort und verkündet es fern auf den Inseln und sprecht: Der Israel zerstreut hat, der wird es auch wieder sammeln und wird es hüten wie ein Hirte seine Herde ... Sie sollen wiederkommen aus dem Lande des Feindes, und deine Nachkommen haben viel Gutes zu erwarten, spricht der Herr, denn deine Söhne sollen wieder in ihre Heimat kommen« (Jeremia 31, 4–10 u. 17).

Die künftigen Grenzen Israels

Letztlich ist es Gott selbst, der die Grenzen der Völker und den Machtbereich ihrer Regierungen festlegt: »Als der Höchste den Völkern Land zuteilte und der Menschen Kinder voneinander schied, da setzte er die Grenzen der Völker nach der Zahl der Kinder Israel« (5. Mose 32, 8).

Auf dem Areopag in Athen erklärte Paulus gegenüber den Griechen: »Und er [Gott] hat gemacht, daß von *Einem* aller Menschen Geschlechter stammen, die auf dem ganzen Erdboden wohnen, und hat bestimmt, wie lange und wie weit sie wohnen sollen . . .« (Apostelgeschichte 17, 26).

Auch für Israel hat Gott bestimmte Grenzen festgelegt. Gott ließ schon Abraham wissen, wie weit das Wohngebiet seiner Nachkommen sich erstrecken sollte: »Ich bin der Herr, der dich aus Ur in Chaldäa geführt hat, auf daß ich dir dies Land zu besitzen gebe . . . Deinen Nachkommen will ich dies Land geben, von dem Strom Ägyptens an bis an den großen Strom Euphrat« (1. Mose 15, 7. 18).

Es ist gewiß nicht »heilsnotwendig«, daß man weiß, wo die zukünftigen Grenzen Israels einmal verlaufen werden. Ich halte an dieser Stelle jeden Streit für verfehlt; mit Sicherheit gibt es für uns wichtigeres zu tun. Trotzdem ist es interessant, über die Frage nach den Grenzen Israels anhand der Aussagen, die die Bibel darüber macht, nachzudenken. Vielleicht kann das auch denen helfen, die um die Existenz des heutigen Israel besorgt sind. Als Israels sich z. B. nach dem Jom-Kippur-Krieg aufgrund eines Abkommens etwa 30 Kilometer aus der Suez-Kanal-Zone zurückziehen mußte, meinten manche, daß Israel damit eigenes Territorium aufgegeben habe.

Man vertritt häufig die Meinung, daß sich das Israel zugesagte Gebiet vom Nil oder vom Suez-Kanal bis an den Euphrat erstrecken müsse: damit würde es ganz Jordanien, Syrien und einen großen Teil des Irak einschließen. Ich finde eine solche Auffassung durch die Aussagen der Bibel nur zum Teil bestätigt.

In 4. Mose 34, 3–15 gab Gott Mose den genauen Grenzverlauf des verheißenen Landes an. In diesem Zusammenhang wird der Bach Ägyptens erwähnt. Damit konnte nicht der Suez-Kanal gemeint sein, wenn auch manche Wissenschaftler behaupten, daß dieser bereits einmal existiert habe. Dazu ein AEP-Pressebericht:

»Eine etwa vor 4000 Jahren angelegte Kanalverbindung zwischen dem Golf von Suez und dem Mittelmeer haben drei israelische Geologen entdeckt. Die Reste dieses ›historischen Suez-Kanals‹, der in dem geschichtlichen und geographischen Schrifttum nicht verzeichnet ist, weisen eine Ausdehnung von 15 km Länge und 20 m Breite auf. Ursprünglich war der Kanal vermutlich rund 70 m breit, wie die israelische Zeitung ›Davar‹ berichtet.

Die Entdeckung der historischen Kanalanlage ist der systematischen Auswertung von Luftaufnahmen durch die israelischen Wissenschaftler Amihay Sneh, Touviah Weinseberg und Itamar Pratt zu verdanken. Das Fotomaterial brachte eine ›schnurgerade‹, bisher unter dem Wüstensand verborgene Kanalspur zutage, die bei der Pelusium-Lagune ins Mittelmeer mündet und sich im Süden an das Flußbett von Toumalieh anschließt, das zum Golf von Suez führt.«[7]

Mit dem Bach Ägyptens, den die Bibel erwähnt, kann auch nicht der Nil gemeint sein. Dagegen sprechen u. a. folgende Gründe:

1. In diesem Fall hätte sich Israel nach dem Durchzug durch das Schilfmeer bereits im verheißenen Land befunden. Das Volk mußte jedoch noch 40 Jahre auf der Sinaihalbinsel umherziehen, ehe es östlich des Toten Meeres nach Norden wanderte, bei Jericho den Jordan überquerte und von dort aus das Land einnahm.

2. Die Gebietsgrenze des am weitesten südlich angesiedelten Stammes Juda verlief nach der Landverteilung durch Josua (Josua 15,1 ff.) von der Südspitze des Toten Meeres im Bogen südwestlich über die Steige Akkrabim (Skorpionensteig) im heutigen Negev nach Kadesch Barnea und zum Bach Ägyptens. Das südlichste Grenzgebiet Judas war der Negev.

3. Zur Zeit Salomos, unter dessen Herrschaft Israel seine größte Ausdehnung erlangte, erstreckte sich die Grenze vom Euphrat bis zum Bach Ägyptens (1. Könige 5, 1 u. 1, 65). Den südlichen Sinai jedoch beherrschte Salomo nicht.

4. Das Sinaigebiet ist kein Land »darin Milch und Honig fließt«, wie Gott es verheißen hatte. Die dort ansässigen Beduinen führen ein kärgliches Leben.

Der Bach Ägyptens war ein alter Grenzfluß zwischen Ägypten und Kanaan. Heute ist es ein ausgetrocknetes Flußbett, das den Namen

Wadi el-Arisch führt und bei dem Ort El-Arisch, 80 km südwestlich von Gaza, ins Mittelmeer mündet.

Wir können uns im Blick auf die künftigen territorialen Grenzen Israels nur an den Ankündigungen und Verheißungen orientieren, die Gott dem Volk gegenüber immer wieder gemacht hat: »Und ich will deine Grenze festsetzen von dem Schilfmeer bis an das Philistermeer und von der Wüste bis an den Euphratstrom« (2. Mose 23, 31). Noch genauere Angaben finden sich in 4. Mose 34, 2–12: »Wenn ihr ins Land Kanaan kommt, so soll das Land, das euch als Erbteil zufällt, das Land Kanaan sein nach diesen Grenzen: Der Südzipfel eures Gebietes soll sich erstrecken von der Wüste Zin an Edom entlang. Eure Grenze im Süden soll ausgehen vom Ende des Salzmeers, das im Osten liegt. Und sie soll südlich vom Skorpionensteig sich hinaufziehen und hinübergehen nach Zin und weitergehen südlich von Kadesch-Barnea und gelangen nach Hazar-Addar und hinübergeben nach Azmon und sich von Azmon ziehen an den Bach Ägyptens, und ihr Ende sei an dem Meer. Aber die Grenze nach Westen zu soll sein das große Meer und seine Küste . . . Die Grenze nach Norden zu soll sein: Ihr sollt sie ziehen von dem großen Meer bis an den Berg Hor und von dem Berg Hor bis dahin, wo es nach Hamath geht, daß die Grenze weitergehe bei Zedad und auslaufe nach Siphron, und ihr Ende sei bei Hazar-Enon . . . Und ihr sollt die Grenze nach Osten ziehen von Hazar-Enon nach Schepham, und die Grenze gehe herab von Schepham nach Ribla östlich von Ajin. Danach gehe sie herab und ziehe sich hin längs der Höhen östlich vom See Kinnereth und komme herab an den Jordan, daß ihr Ende sei das Salzmeer. Das sei euer Land mit seiner Grenze ringsumher.«

Es ist offensichtlich, daß Gott dem Siedlungsgebiet seines auserwählten Volkes ganz bestimmte Grenzen gesetzt hat; denn er wiederholt die entsprechenden Angaben immer wieder: »Alles Land, darauf eure Fußsohle tritt, soll euer sein: Von der Wüste an bis an den Berg Libanon und von dem Strom Euphrat bis an das Meer im Westen soll euer Gebiet sein« (5. Mose 11, 24). Die gleiche Bestätigung erhält Moses Nachfolger Josua, bevor er mit dem Volk in das Gelobte Land aufbricht: »Jede Stätte, auf die eure Fußsohlen treten werden, habe ich euch gegeben, wie ich Mose zugesagt habe. Von der Wüste bis zum Libanon und von dem großen Strom Euphrat bis an das große Meer gegen Sonnenuntergang, das ganze Land der Hethiter, soll euer Gebiet sein« (Josua 1, 4).

Auch der Prophet Hesekiel erhält im Blick auf die Grenzen des Landes von Gott Anweisungen: »Dies sind die Grenzen, nach denen ihr das Land den zwölf Stämmen Israels austeilen sollt; zwei Teile gehören dem Stamm Joseph. Und ihr sollt es als Erbteil bekommen, einer wie der andere; denn ich habe meine Hand aufgehoben zum Schwur, dies Land euren Vätern zu geben, und so soll es euch als Erbteil zufallen. Dies ist nun die Grenze des Landes gegen Norden: von dem großen Meer auf Hethlon zu nach Zedad, Hamath, Berotha, Sibrajim, das an Damaskus und Hamath grenzt, und Hazar-Enon, das an den Hauran grenzt. Und so soll die Grenze laufen vom Meer an bis nach Hazar-Enon, und Damaskus und Hamath sollen nördlich liegenbleiben. Das sei die Grenze gegen Norden. Aber die Grenze gegen Osten: von Hazar-Enon, das zwischen dem Hauran und Damaskus liegt, der Jordan zwischen Gilead und dem Lande Israel bis hinan ans östliche Meer nach Thamar... Aber die Grenze gegen Süden läuft von Thamar bis an das Haderwasser von Kadesch und den Bach Ägyptens hinab bis an das große Meer... Und an der Seite gegen Westen ist das große Meer die Grenze bis gegenüber Hamath« (Hesekiel 47, 13–20).

Beim Vergleich dieser Angaben ist zu berücksichtigen, daß sich einige bei Hesekiel erwähnte Ortsbezeichnungen heute nicht genau bestimmen lassen. Insgesamt weisen die biblischen Angaben darauf hin, daß Israel im Lauf der endzeitlichen Entwicklung bedeutende territoriale Ausweitungen bevorstehen. Auf jeden Fall wird das Volk einmal in sicheren Grenzen wohnen und mit seinen Nachbarn in Frieden leben (Jesaja 19, 21–25).

Der Zehnstaatenbund

Prophetische Aussagen des Alten und Neuen Testaments weisen darauf hin, daß sich in der »letzten Zeit«, bevor Jesus Christus die Herrschaft auf dieser Erde antritt, ein Bund von zehn Staaten bilden wird. In diesem wird der Antichrist die Führung übernehmen.

A. Der Traum Nebukadnezars

Einen ersten Hinweis darauf erhalten wir in Daniel 2. Der Prophet berichtet dort von einem schrecklichen Traum Nebukadnezars, der den babylonischen König tief beunruhigte. Am folgenden Tag wollte er von seinen Weisen, Zeichendeutern, Wahrsagern und Zauberern nicht nur die Deutung des Traumes wissen, sie sollten ihm auch den Traum selbst wiedergeben. Niemand war dazu imstande, bis Daniel gerufen wurde, ein gottesfürchtiger Jude, der ein hohes politisches Amt bekleidete. Er erklärte dem König den Traum und dessen Deutung, denn Gott hatte ihm beides offenbart: »Du, König, hattest einen Traum, und siehe, ein großes und hohes und hellglänzendes Bild stand vor dir, das war schrecklich anzusehen. Das Haupt dieses Bildes war von feinem Gold, seine Brust und seine Arme waren von Silber, sein Bauch und seine Lenden waren von Kupfer, seine Schenkel waren von Eisen, seine Füße waren teils von Eisen und teils von Ton. Das sahest du, bis ein Stein herunterkam, ohne Tun von Menschenhänden; der traf das Bild an seinen Füßen, die von Eisen und Ton waren, und zermalmte sie. Da wurden miteinander zermalmt Eisen, Ton, Kupfer, Silber und Gold und wurden wie Spreu auf der Sommertenne, und der Wind verwehte sie, daß man sie nirgends mehr finden konnte. Der Stein aber, der das Bild zerschlug, wurde zu einem großen Berg, so daß er die ganze Welt erfüllte« (Daniel 2, 31–35).

Dieser Traum von dem schrecklich anzusehenden Standbild erfaßt die gesamte Weltgeschichte von Nebukadnezar bis zur Wiederkunft Jesu Christi und der Aufrichtung seines Reiches. Vier Weltreiche werden darin beschrieben. Das Standbild selbst, das aus verschiedenen Metallen besteht, weist von Reich zu Reich eine gewisse Abwärtsentwicklung auf. Daniel liefert dazu eine Deutung:

Das goldene Haupt (V. 37. 38):

»Du, König, bist ein König aller Könige, dem der Gott des Himmels Königreich, Macht, Stärke und Ehre gegeben hat, und dem er alle Länder, in denen Leute wohnen, dazu die Tiere auf dem Felde und die Vögel unter dem Himmel in die Hände gegeben und dem er über alles Gewalt verliehen hat. Du bist das goldene Haupt.«

Nebukadnezar wurde als Begründer des ersten Weltreiches Babylon (605 v. Chr.) mit Recht als das Haupt aller nachfolgenden Weltreiche angesehen. Das goldene Haupt kennzeichnet zusätzlich den »goldenen Kelch« Babylons als »herrliche Pracht der Chaldäer« (Jeremia 51, 7; Jesaja 13, 19).

Die silberne Brust (V. 39):

»Nach dir wird ein anderes Königreich aufkommen, geringer als deines . . .«

Vermutlich ist damit das Weltreich der Meder und Perser gemeint. Es begann im Jahr 539 v. Chr. mit der Einnahme Babels durch Kyros. Dieses zweite Weltreich besaß, wie das geringere Silber anzeigt, im Vergleich zu Babylon geringere Machtausstrahlung. In der Bibel werden vier Perserkönige erwähnt: Kyros oder Kores (Esra 1, 1); Darius (Daniel 6, 1); Xerxes oder Ahasveros (Esther 1, 17) und Arthaxerxes oder Arthasasta (Nehemia 2, 1).

Der kupferne Bauch (V. 39):

». . . danach das dritte Königreich, das aus Kupfer ist und über alle Länder herrschen wird.«

Sein Aufstieg begann im Jahr 331 v. Chr., als die Griechen unter Alexander dem Großen die Perser bei Gaugamela besiegten. Alexander dehnte danach seine Herrschaft über die ganze damals bekannte Welt bis nach Indien aus und errichtete so das dritte Weltreich. Nach seinem Tod wurde es unter seine Feldherren aufgeteilt.

Die eisernen Schenkel (V. 40):

»Und das vierte Reich wird hart sein wie Eisen; denn wie Eisen alles zermalmt und zerschlägt, ja wie Eisen alles zerbricht, so wird es auch alles zermalmen und zerbrechen.« Die griechische Herrschaft wurde von Rom abgelöst. Rom gilt als das vierte Weltreich. Es bestand von 146 v. Chr. bis 476 n. Chr. Wegen der Härte und Unduldsamkeit, mit der die Römer andere Völker unterwarfen, kann dieses Reich zu Recht als das »eiserne« bezeichnet werden.

Füße und Zehen aus Eisen und Ton (V. 41–41):

»Daß du aber die Füße und Zehen teils von Ton und teils von Eisen gesehen hast, bedeutet: das wird ein zerteiltes Königreich sein; doch wird etwas von des Eisens Härte darin bleiben, wie du ja gesehen hast Eisen und Ton vermengt. Und daß die Zehen an seinen Füßen teils von Eisen und teils von Ton sind, bedeutet: zum Teil wird es ein starkes und zum Teil ein schwaches Reich sein. Und daß du gesehen hast Eisen mit Ton vermengt, bedeutet: sie werden sich zwar durch Heiraten miteinander vermischen, aber sie werden doch nicht aneinander festhalten, so wie sich Eisen mit Ton nicht mengen läßt.«

Die germanische Völkerwanderung, die durch den Ansturm der Hunnen auf das Römische Reich gelenkt wurde, brachte Rom zu Fall. Das Reich konnte trotz verschiedener Einigungsversuche und trotz Vermischung der Völker, die einst das Römische Reich gebildet hatten, bisher nicht wieder aufgerichtet werden. Wenn wir die göttliche Weissagung recht verstehen, so muß aus diesem vergangenen Römischen Reich – oder innerhalb seiner ehemaligen Grenzen – ein Zehn-Staatenbund entstehen. Denn die zehn Zehen gehen aus den eisernen Schenkeln, dem vierten Weltreich Rom, hervor. Viele Bibelausleger meinen, die Bildung dieses Zehn-Staatenbundes in der Europäischen Gemeinschaft zu erkennen. Und wenn dies bis heute auch nur eine Annahme ist, so spricht doch manches dafür. So wurden z. B. die Verträge der EWG in Rom geschlossen. »Der Spiegel« (Nr. 44/1972) stellte in einem Artikel die Frage: »Ist die EWG die Nachfolgerin des alten Römischen Reiches?«

Bisher sind in der Europäischen Gemeinschaft nur neun Staaten zusammengeschlossen, und auch dies nur mit erheblichen Schwierigkeiten. Weitere Länder, die als Mitglieder aufgenommen werden sollen, sind im Gespräch. Sicher wird es innerhalb der EG noch manche Veränderungen geben. Bisher hat sich dieser Bund – vorausgesetzt, daß es der ist, von dem Daniel 2, 42–43 spricht – als zum Teil schwaches, zum Teil starkes »Reich« erwiesen. Wirtschaftlich kann die EG bereits heute als Großmacht bezeichnet werden. Politisch jedoch ist von Einigkeit noch wenig zu erkennen. Der Bund muß mühsam zusammengehalten werden, da die einzelnen nationalen Belange noch stark ins Gewicht fallen. Auch die Vermischung der Bevölkerung, etwa durch Heirat, hat bisher so gut wie keinen Einfluß auf die Einigungsbestrebungen gehabt. Ton und Eisen halten – um bei der biblischen Aussage zu bleiben – aneinander nicht.

Dennoch haben sich die Politiker den Zusammenschluß der Vereinigten Staaten von Europa bis spätestens 1980 zum Ziel gesetzt. Bereits 1978 sollen die Abgeordneten für ein europäisches Parlament gewählt werden. Für die Bürger der Europäischen Gemeinschaft ist ab 1. Januar 1980 ein einheitlicher Paß vorgesehen.

Der Stein (Daniel 2, 44–45):

»Aber zur Zeit dieser Könige wird der Gott des Himmels ein Reich aufrichten, das nimmermehr zerstört wird; und sein Reich wird auf kein anderes Volk kommen. Es wird alle diese Königreiche zermalmen und zerstören; aber es selbst wird ewig bleiben, wie du ja gesehen hast, daß ein Stein ohne Zutun von Menschenhänden vom Berg herunterkam, der Eisen, Kupfer, Ton, Silber und Gold zermalmte . . .«

Wie dieser Zehn-Staatenbund auch immer aussehen mag, er wird nicht von langer Dauer sein. Viele seiner Probleme werden bald als unlösbar erscheinen, so daß man sich nach einem Führer umsehen wird, der angeblich mit allen diesen Fragen fertigwerden kann; in Wirklichkeit wird er sich jedoch als Diktator und Unterdrücker entpuppen. ». . . das sind zehn Könige, die ihr Reich noch nicht empfangen haben; aber wie Könige werden sie Macht empfangen eine Stunde mit dem Tier. Diese haben einerlei Meinung und geben ihre Kraft und Macht dem Tier« (Offenbarung 17, 12. 13).

Demnach wird die Regierungsgewalt des Zehnerbundes auf den Antichristen übertragen werden. Und dieser wird sie mißbrauchen. Doch auch seine Macht wird zerbrochen werden, und damit zugleich die Macht des Zehnerbundes. Der Stein, der ohne Zutun von Menschenhand auf das Standbild zurollt und es zerschmettert, ist Jesus Christus. Bei seiner sichtbaren Wiederkunft wird er den Antichristen besiegen und sein eigenes Reich aufrichten.

B. Der Traum Daniels

Einen weiteren Hinweis auf den Zehn-Staatenbund finden wir ebenfalls bei Daniel (Daniel 7, 1–27). Daniel hat einen Traum von endgeschichtlicher Bedeutung. Auch in diesem Zusammenhang wird von vier Weltreichen gesprochen, doch werden sie diesmal als Raubtiere dargestellt: »Und vier große Tiere stiegen herauf aus dem Meer, ein jedes anders als das andere . . . Diese vier großen Tiere sind vier Königreiche, die auf Erden kommen werden« (Daniel 7, 3. 17).

Der Löwe mit den Adlerflügeln (V. 4):

»Das erste war ein Löwe und hatte Flügel wie ein Adler. Ich sah, wie ihm die Flügel genommen wurden. Und es wurde von der Erde aufgehoben und auf zwei Füße gestellt wie ein Mensch, und es wurde ihm ein menschliches Herz gegeben.«

Wird Babylon in Nebukadnezars Traum als goldenes Haupt dargestellt, so erscheint das erste Großreich hier im Bild des Königs der Tiere, der zugleich die Flügel des Adlers, des Königs der Lüfte, besitzt.

Der Bär (V. 5):

» Und siehe, ein anderes Tier, das zweite, war gleich einem Bären und war auf der einen Seite aufgerichtet und hatte in seinem Maul zwischen seinen Zähnen drei Rippen. Und man sprach zu ihm: Stehe auf und friß viel Fleisch.«

Der Bär mit den drei Rippen im Maul stellt das Weltreich der Meder und Perser dar: Sie haben die Reiche Babylon, Lydien und Ägypten unterworfen.

Der Panther mit vier Flügeln und vier Köpfen (V. 6):

»Danach sah ich, und siehe ein anderes Tier, gleich einem Panther, das hatte vier Flügel wie ein Vogel auf seinem Rücken; und das Tier hatte vier Köpfe, und ihm wurde große Macht gegeben.«

Der Panther mit den vier Flügeln versinnbildlicht die Schnelligkeit und Gewandtheit Alexanders des Großen bei seinen Kriegszügen. Die vier Köpfe weisen darauf hin, daß dieses Reich nach dem Tode Alexanders von seinen Feldherren in vier »Diadochen-Reiche« aufgeteilt wurde.

Das greuliche Tier mit eisernen Zähnen und zehn Hörnern (V. 7):

»Danach sah ich in diesem Gesicht in der Nacht, und siehe, ein viertes Tier war furchtbar und schrecklich und sehr stark und hatte große eiserne Zähne, fraß um sich und zermalmte, und was übrigblieb, zertrat es mit seinen Füßen. Es war auch ganz anders als die vorigen Tiere und hatte zehn Hörner.«

Das vierte Raubtier mit den eisernen Zähnen stellt, wie bei Daniel die eisernen Schenkel des Standbildes, das »eiserne Reich Rom« dar. Und wie bei dem Standbild im Traum Nebukadnezars die zehn Zehen, so kennzeichnen die zehn Hörner des vierten Raubtieres die zehn Staaten, die aus dem ehemaligen Römischen Reich hervorgehen werden.

Auf dieses vierte Tier wird in der Bibel besonders eingegangen, weil es zur Zeit des Endes auftritt: ».. . ein viertes Tier war furchtbar und schrecklich . . . und hatte zehn Hörner. Als ich aber auf die Hörner achtgab, siehe, da brach ein anderes kleines Horn zwischen ihnen hervor, vor dem drei der vorigen Hörner ausgerissen wurden. Und siehe, das Horn hatte Augen wie Menschenaugen und ein Maul; das redete große Dinge. Ich sah, wie Throne aufgestellt wurden, und einer, der uralt war, setzte sich. Sein Kleid war weiß wie Schnee und das Haar auf seinem Haupt rein wie Wolle; Feuerflammen waren sein Thron und dessen Räder loderndes Feuer. Und von ihm ging aus ein langer feuriger Strahl. Tausendmal Tausende dienten ihm, und zehntausendmal Zehntausende standen vor ihm. Das Gericht wurde gehalten, und die Bücher wurden aufgetan. Ich merkte auf um der großen Reden willen, die das Horn redete, und ich sah, wie das Tier getötet wurde und sein Leib umkam und ins Feuer geworfen wurde. Und mit der Macht der anderen Tiere war es auch aus; denn es war ihnen Zeit und Stunde bestimmt, wie lang ein jedes leben sollte. Ich sah in diesem Gesicht in der Nacht, und siehe es kam einer mit den Wolken des Himmels wie eines Menschen Sohn und gelangte zu dem, der uralt war und wurde vor ihn gebracht. Der gab ihm Macht, Ehre und Reich, daß ihm alle Völker und Leute aus so vielen verschiedenen Sprachen dienen sollten. Seine Macht ist ewig und vergeht nicht, und sein Reich hat kein Ende« (Daniel 7, 7–14).

Zum besseren Verständnis müssen wir V. 21–27 hinzunehmen: »Und ich sah das Horn kämpfen gegen die Heiligen, und es behielt den Sieg über sie, bis der kam, der uralt war, und Recht schaffte den Heiligen des Höchsten, und bis die Zeit kam, daß die Heiligen das Reich empfingen. Er sprach: Das vierte Tier wird das vierte Königreich auf Erden sein; das wird ganz anders sein als alle anderen Königreiche; es wird alle fressen, zertreten und zermalmen. Die zehn Hörner bedeuten zehn Könige, die aus diesem Königreich hervorgehn werden. Nach ihnen aber wird ein anderer aufkommen, der wird ganz anders sein als die vorigen und wird drei Könige stürzen. Er wird den Höchsten lästern und die Heiligen des Höchsten vernichten und wird sich unterstehen, Festzeiten und Gesetz zu ändern. Sie werden in seine Hand gegeben werden eine Zeit und zwei Zeiten und eine halbe Zeit. Danach wird das Gericht gehalten werden; dann wird ihm seine Macht genommen und ganz und gar vernichtet werden. Aber das Reich und die Macht und die Gewalt über die Königreiche unter dem ganzen Himmel wird dem Volk der Heiligen des Höchsten gegeben werden, dessen Reich ewig ist, und alle Mächte werden ihm dienen und gehorchen.«

Von besonderer Bedeutung ist im Textzusammenhang, daß zwischen den Hörnern ein »anderes kleines Horn« hervorgeht. Dieses Horn wird größer als die anderen Hörner neben ihm. Die zehn Hörner stellen nach Aussage der Bibel zehn Herrscher (des Zehn-Staatenbundes) dar, die aus dem grausamen Tier hervorgehen werden. Nach ihnen tritt der Antichrist auf, der von den zehn Machthabern die Oberherrschaft übertragen erhält. Davon berichtet auch Offenbarung 17, 12. 13 (vgl. Seite 57).

Der Antichrist wird als Gewaltherrscher auftreten. Er wird Gott lästern und sich selbst als Gott bezeichnen. Alle, die dem wahren Gott dienen, wird er verfolgen und töten. Auch Feste und Gesetze wird er seinen eigenen Vorstellungen entsprechend ändern. Dreieinhalb Jahre lang, während der Zeit der großen Trübsal, wird er sein furchtbares Wesen treiben. Doch der wiederkommende Jesus Christus wird seiner Herrschaft ein Ende setzen und ihn töten. Danach beginnt das Tausendjährige Reich, in dem Christus mit seiner Gemeinde regiert.

Traum Nebukadnezars Daniel 2, 1-45:		Weltreiche:	Traum Daniels Daniel 7, 1-27:
	V. 38: Goldenes Haupt	**Babylon** 605-539 v. Chr.	**Löwe** mit 4 Adlerflügeln V. 4
	V. 39: Silberne Brust	**Medo- Persien** 539-331 v. Chr.	**Bär** mit 3 Rippen im Maul V. 5
	V. 39: Kupferner Bauch u. Lenden	**Griechen- land** 331-146 v. Chr.	**Panther** mit 4 Flügeln und 4 Köpfen V. 6
	V. 40: Eiserne Schenkel	**Röm. Reich** 146 v. Chr. – 476 n. Chr.	**Greuliches Tier** mit eisernen Zähnen V. 7 u. 19 V. 24
	V. 41-43: Eisen u. Ton 10 Zehen	**Zehn- Staaten- Bund**	und **10 Hörnern** daraus hervor das kleine Horn=Antichrist: V. 8 u. 20-26

**Stein
Christus**

V. 34:
V. 44-45

: V. 11-14
: V. 26-27

Wiederkunft Jesu – 1000jähr. Reich

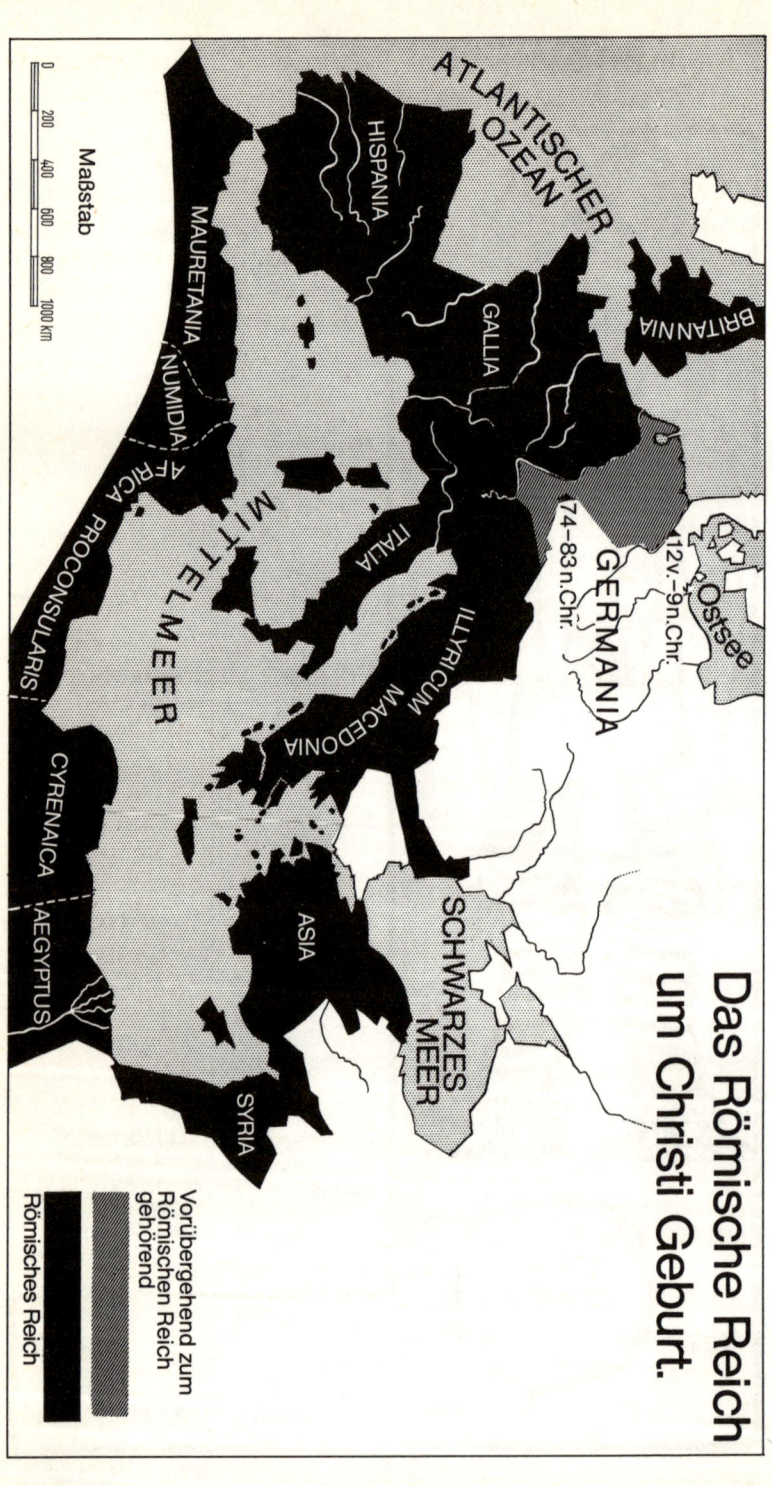

Das Römische Reich um Christi Geburt.

Der Antichrist

Der Antichrist wird kurze Zeit vor der sichtbaren Wiederkunft Jesu Christi auftreten und seine Macht entfalten. Er kommt in der Bibel unter verschiedenen Bezeichnungen vor. Die Offenbarung nennt ihn das »Tier«; im 2. Thessalonicherbrief, Kapitel 2, wird er »Mensch der Sünde«, »Sohn des Verderbens« und »der Frevler« genannt; Daniel 7 bezeichnet ihn als das »Horn«.

Die Bibel spricht von einer göttlichen Dreieinigkeit: Vater, Sohn und Heiliger Geist. Während der großen Trübsalszeit wird auch eine satanische »Dreieinigkeit« wirksam sein: der Drache (der Teufel), das Tier (der Antichrist) und der falsche Prophet (Offenbarung 13; 16, 13).

Woher kommen Satan und die Dämonen?

Die Bibel gibt uns darüber nur wenig, manchmal nur indirekt Auskunft.

Der Apostel Petrus berichtet, daß Satan und die Dämonen von Gott abgefallene Engel sind: »Denn Gott hat selbst die Engel, die gesündigt haben, nicht verschont, sondern hat sie in finstere Höhlen hinabgestoßen und übergeben, daß sie zum Gericht behalten werden« (2. Petrus 2, 4).

Das gleiche sagt Judas: »Auch die Engel, die ihren himmlischen Stand nicht bewahrten, sondern ihre Behausungen verließen, hat er behalten zum Gericht des großen Tages mit ewigen Banden in der Finsternis« (Judas 6).

Auch Jesus spricht von Satan als von einem Gefallenen: »Ich sah den Satan vom Himmel fallen wie einen Blitz« (Lukas 10, 18).

Im Alten Testament wird ebenfalls auf den Sturz Satans hingewiesen. Bei Hesekiel wird er im Bild des Königs von Tyrus beschrieben: »Du warst das Abbild der Vollkommenheit, voller Weisheit und über die Maßen schön. In Eden warst du, im Garten Gottes, geschmückt mit Edelsteinen jeder Art ... Du warst ein glänzender, schirmender Cherub, und auf den heiligen Berg hatte ich dich gesetzt. Ein Gott warst du und wandeltest inmitten der feurigen Steine. Du warst ohne Tadel in deinem Tun von dem Tage an, als du geschaffen wurdest, bis an dir Missetat gefunden wurde. Durch deinen großen Handel wurdest du voll Frevels und hast dich versündigt. Da verstieß ich dich vom Berge Gottes und tilgte dich, du schirmender Cherub, hinweg aus der Mitte der feurigen Steine. Weil sich dein Herz erhob, daß du so schön warst, und du deine Weisheit verdorben hast in all deinem Glanz; darum habe ich dich zu Boden gestürzt und ein Schauspiel aus dir gemacht vor den Königen. Weil du mit deiner großen Missetat durch unrechten Handel dein Heiligtum entweiht hast, darum habe ich ein Feuer aus dir hervorbrechen lassen« (Hesekiel 28, 12–18).

Daß diese Beschreibung keinem irdischen König gilt, wird aus verschiedenen Aussagen deutlich. Es muß sich um einen gefallenen Herrscher aus der unsichtbaren Welt handeln. Er wird als »glänzender Cherub« bezeichnet, der Gott diente, bis er von ihm abfiel und verstoßen wurde.

Ähnliche Aussagen finden wir bei Jesaja: »Wirst du dies Lied anheben gegen den König zu Babel und sagen: Wie ist's mit dem Treiber so gar aus, und das Toben hat ein Ende! Der Herr hat den Stock der Gottlosen zerbrochen, die Rute der Herrscher. Der schlug die Völker in Grimm ohne Aufhören und herrschte mit Wüten über die Nationen und verfolgte ohne Erbarmen . . . Das Totenreich drunten erzittert vor dir, wenn du nun kommst. Es schreckt auf vor dir die Toten, alle Gewaltigen der Welt, und läßt alle Könige der Völker von ihren Thronen aufstehen, daß sie alle anheben und zu dir sagen: ›Auch du bist schwach geworden wie wir, und es geht dir wie uns. Deine Pracht ist herunter zu den Toten gefahren samt dem Klang deiner Harfen. Gewürm wird dein Bett sein und Würmer deine Decke.‹ Wie bist du vom Himmel gefallen, du schöner Morgenstern! Wie wurdest du zu Boden geschlagen, der du alle Völker niederschlugst! Du aber gedachtest in deinem Herzen: ›Ich will in den Himmel steigen und meinen Thron über die Sterne Gottes erhöhen, ich will mich setzen auf den Berg der Versammlung im fernsten Norden. Ich will auffahren über die hohen Wolken und gleich sein dem Allerhöchsten.‹ Ja, hinunter zu den Toten fuhrest du, zur tiefsten Grube! Wer dich sieht, wird auf dich schauen, wird dich ansehen und sagen:› Ist das der Mann, der die Welt zittern und die Königreiche beben machte, der den Erdkreis zur Wüste machte und seine Städte zerstörte und seine Gefangenen nicht nach Hause entließ?‹« (Jesaja 14, 4–17).

In diesem Textabschnitt wird der Sturz Satans – und wohl gleichzeitig der Sturz des Antichristen – im Bild des Königs von Babel beschrieben. Zunächst wird noch einmal bestätigt, daß Israel aus der Zerstreuung in das Land seiner Väter zurückkehren wird. Danach, unter der Herrschaft des Messias, werden sie dieses Lied über den König von Babel – den Antichristen – singen. Daß es sich in diesem Text nicht nur um einen in Babel herrschenden König handeln kann, wird an verschiedenen Aussagen deutlich. Würden sich z. B. vor einem verstorbenen Menschen die Toten im Totenreich erheben? In Vers 12 wird vom Glanzstern gesprochen, der vom Himmel fiel (im Lateinischen steht hier: »Luzifer«). Er war einst ein Lichtträger, wurde aber zur Finsternis. Er wollte Gott nicht untertan bleiben, sondern ihm gleich sein. Dieselbe Gesinnung und Haltung legt der Antichrist an den Tag, der sich im Tempel von den Menschen anbeten lassen wird.

Das Wesen Satans

In Offenbarung 12, 3 wird der Teufel im Bild des Drachen geschildert. Seine sieben Häupter weisen auf seine Klugheit und List hin, die zehn Hörner sind Wahrzeichen seiner großen Macht. Die zehn Kronen stellen ihn als Herrscher dar. An anderen Stellen der Bibel wird er als »Gott dieser Welt« und »Gott dieses Zeitlaufs« bezeichnet; in der Versuchungsgeschichte (Matthäus 4, 1–11) stellt er sich selbst als solcher dar. Er ist weder eine alberne Figur mit Hörnern, Kuhschwanz und Pferdefuß, noch tölpelhaft, dumm oder gar harmlos, wie er in Märchen und Sagen geschildert wird. Die Bibel bezeichnet ihn als die zweitmächtigste Person im Universum, als den großen »Gegenspieler« Gottes, dessen Wirkungsbereich Gott aber dennoch Grenzen gesetzt hat.

Satan ist der große Verführer und Seelenräuber, der gerade in unseren Tagen mit seinem Dämonenheer alles daransetzt, um die Menschen mehr und mehr von Gott abzubringen. Er kann sich sogar fromm geben und als Engel des Lichts erscheinen. Andererseits tritt er als brüllender Löwe auf und macht den Menschen Angst. Wer nicht unter der bewahrenden Macht Jesu Christi steht, ist ein Spielball in seiner Hand. Er ist der »Diabolos«, der große Durcheinanderbringer, der seinen Einfluß in dieser Welt um so mehr geltend machen wird, je näher die Wiederkunft Jesu Christi heranrückt. Durch diesen, den Stärkeren, wird er für immer besiegt werden.

Der »Gegenspieler« und seine »Gegenstücke«

Als Gegenspieler Gottes ahmt Satan das Handeln Gottes nach und tritt mit entsprechenden »Gegenstücken« auf. Wie Gott in Christus war und ihm seine Macht übertrug (2. Korinther 5, 19), so wird in ähnlicher Weise auch Satan im Antichristen als Mensch in Erscheinung treten. An weiteren Parallelen bzw. Gegenstücken seien folgende Beispiele genannt:

Gott:	Satan:
Dreieinigkeit Gottes: Matthäus 28, 19	Satanische Dreieinigkeit: Offenbarung 16, 13; 20, 10
Gott wurde in Jesus Mensch: Johannes 1, 14	Satan verkörpert sich im Antichristen: Offenbarung 13, 1. 2; 2. Thessalonicher 2. 3
Jesus ist das Lamm Gottes: Johannes 1, 29	Auch der falsche Prophet ist »wie ein Lamm«: Offenbarung 13, 11
Jesus, das geschlachtete Lamm: Offenbarung 5, 6	Auch das »Tier« trägt eine Todeswunde davon: Offenbarung 13, 3
Der Heilige Geist erweckt zum Leben: Römer 8, 11; 1. Mose 2, 7	Der Geist Satans macht das Bild des Tieres lebendig: Offenbarung 13, 15
Gott gibt seinem Sohn Macht und Herrlichkeit: Daniel 7, 13; Philipper 2, 9–11	Der Drache überträgt seine Macht auf das Tier: Offenbarung 13, 2. 4. Drache und Tier lassen sich anbeten.
Der Heilige Geist erscheint in Gestalt einer Taube: Matthäus 3, 16	Die satanischen Geister gleichen Fröschen: Offenbarung 16, 13. 14

Gott:	Satan:
Der Heilige Geist führt die Menschen: Johannes 16, 13. 14	Der satanische Geist verführt die Menschen: Offenbarung 13, 14
Der Heilige Geist versiegelt die Christen: Epheser 1, 13; Offenbarung 7, 4	Die Anhänger des Antichristen werden mit dem Malzeichen versiegelt: Offenbarung 14, 9
Die Braut Christi ist die Gemeinde: Epheser 5, 23	Satans Braut ist die Hure Babylon: Offenbarung 17
Die Braut Christi trägt weiße Kleider der Gerechtigkeit: Offenbarung 7, 13	Die Hure Babylon trägt rote Kleider der Sünde: Jesaja 1, 18; Offenbarung 17, 4
Gottes Hauptstadt ist Jerusalem: Offenbarung 21, 1–2	Die Hauptstadt Satans ist Babylon: Offenbarung 18
Die Glaubenden werden den Namen Christi an der Stirn tragen: Offenbarung 22, 4	Auch die große Hure hat einen Namen auf ihre Stirn geschrieben: Offenbarung 17, 5
Gott hat Engel, die ihm dienen: Hebräer 1, 6. 7. 14	Auch Satan verfügt über Engel (Dämonen): Matthäus 25, 41; Offenbarung 12, 9
Jesus wirkte etwa drei Jahre auf Erden. Er verkündigte eine »Frohe Botschaft«.	Durch den Antichristen kommt eine große Trübsal von etwa dreieinhalbjähriger Dauer über die Menschen.

Macht und Einfluß des Antichristen

Ähnlich wie der Drache – der Teufel – in Offenbarung 12, 3 wird auch der Antichrist geschildert. Er besitzt sieben Häupter, die ebenfalls auf List und große Klugheit hinweisen. Seine zehn Hörner und zehn Kronen deuten seine Herrschaft und Macht an (Offenbarung 13, 1–2).

Auf politischem, wirtschaftlichem und religiösem Gebiet wird er über unbeschränkte Macht verfügen. Die zehn Herrscher des Staatenbundes werden sich ihm unterordnen: »Das sind zehn Könige . . ., diese haben einerlei Meinung und geben ihre Kraft und Macht dem Tier« (Offenbarung 17, 12–13).

Schon heute sucht man einen »starken Mann«, der die politischen, wirtschaftlichen und sozialen Probleme lösen kann. Henri Spaak, ehem. Präsident des Montanparlaments und Generalsekretär der Nato, sagte einmal: »Was wir brauchen, ist ein Mann ausreichenden Formats. Er muß es verstehen, sich alle Leute untertänig zu halten und uns herauszuheben aus dem wirtschaftlichen Sumpf, in dem wir zu versinken drohen. Schickt uns einen solchen Mann, er sei Gott oder ein Teufel: wir werden ihn aufnehmen!« – Wir sehen, man ist durchaus bereit, sich für einen Mann vom Format des Antichristen zu öffnen.

Der Einfluß des Antichristen wird über den Zehn-Staatenbund hinausreichen und sich über die ganze Welt erstrecken: » . . . ihm ward Macht gegeben über alle Geschlechter und Völker und Sprachen und Nationen« (Offenbarung 13, 7–8). Er wird sich raffinierter Mittel und Methoden bedienen, um sich die Menschheit untertan zu machen. Vielleicht wird er sich dabei zunutze machen, was auf dem ersten Weltkongreß für Suggestologie zur Sprache kam, der im Herbst 1976 in Sofia stattfand und an dem 1000 Wissenschaftler aus aller Welt teilnahmen. Ich zitiere aus einem Pressebericht:

> »Der bulgarische Wissenschaftler Dr. Georgij Losanoff behauptet, eine Methode entdeckt zu haben, die nicht nur den noch ausstehenden neuen Menschen schaffen, sondern den sozialistischen Ländern auch einen uneinholbaren Vorsprung vor den kapitalistischen Ländern verschaffen soll. Losanoff fand die Methode vor rund dreißig Jahren bei indischen Yogis . . . Es geht darum, jene 90 Prozent des menschlichen Gehirns zu aktivieren, die sonst völlig ungenutzt bleiben, und bislang ›unbekannte Möglichkeiten der menschlichen Persönlichkeit‹ freizusetzen . . . An elf bulgarischen Volks-

schulen lernen sechsjährige Abc-Schützen nach der Losan-off-Methode: das Alphabet in vier Tagen, Lesen und Schreiben in 63 statt in 138 Unterrichtsstunden, Rechnen in 100 statt in 289 Lehrstunden. Studenten, die sonst zum Erlernen einer Sprache zwei Jahre benötigen, schaffen es mit Losanoffs Methode angeblich in 30 Tagen zu je vier Stunden.

Bei sanfter Hintergrundmusik und gedämpftem Licht murmeln sie in der ›aktiven‹ Phase nur mit, was der Lehrer dreimal in verschiedenen Tonlagen vorträgt; in der passiven Phase hören sie sich den Lehrinhalt noch einmal an – zu Barockmusik, wobei Losanoff eine Sarabande von Johann Sebastian Bach bevorzugt, die der sächsische Meister für den an Schlaflosigkeit leidenden russischen Botschafter Graf Keyserling komponierte. Am nächsten Tag erinnern sich die Studenten an 50 Prozent des Lehrinhalts – vorausgesetzt, der mentale Kontakt zwischen Lehrer und Schüler ist zustande gekommen.

Sogar Blinde will Losanoff schon sehend gemacht haben: Sie erkennen auf okkulte Weise Gegenstände und Farben ›durch die Haut‹. So will Losanoff auch Taube und Kettenraucher heilen.

Doch über allen praktischen Resultaten der Losanoff-Forschungen steht das große Ziel, die Sinne des Menschen derart zu erweitern, daß es eines Tages möglich sein wird, Gedanken nicht nur zu lesen, sondern auch übertragen zu können. Daraus erklärt sich auch das offizielle kommunistische Interesse an den idiologisch eher abseitigen Forschungen Losanoffs: Schwierige Überzeugungsarbeit könnte durch Suggestion abgelöst werden.«[8]

Wie leicht könnte sich der Antichrist als Gewaltherrscher der Endzeit einer solchen Methode bedienen, um sich die Massen gefügig zu machen. Nur Menschen, die ihr Vertrauen vorbehaltlos auf Jesus Christus gesetzt haben, werden sich einer solchen »Gehirnwäsche« entziehen können.

Aber dem Antichristen und seinem falschen Propheten stehen auch äußere Druckmittel zur Verfügung: »Und es macht, daß sie allesamt, die Kleinen und die Großen, die Reichen und die Armen, die Freien und die Knechte, sich ein Malzeichen geben an ihre rechte Hand und an ihre Stirn, daß niemand kaufen oder verkaufen kann, er habe denn das Malzeichen, nämlich den Namen des Tieres oder die Zahl seines Namens. Hier ist Weisheit! Wer Verstand hat, der überlege die Zahl des Tieres; denn es ist eines Menschen Zahl, und seine Zahl ist 666« (Offenbarung 13, 16–18).

Diese Zahl 666 hat man immer wieder zu deuten versucht, ohne bisher zu einem befriedigenden Ergebnis zu gelangen. Man ist über die verschiedenartigsten Vermutungen nicht hinausgekommen. Wahrscheinlich ergibt diese Zahl einen Namen; denn im Hebräischen wie im Griechischen besitzt jeder Buchstabe, nach seiner Reihenfolge im Alphabet, zugleich einen Zahlenwert. Es war eine verbreitete Gewohnheit, die Zahlenwerte, die in den Buchstaben eines Wortes enthalten waren, zusammenzuzählen und nur ihre Summe zu nennen. Aus ihr sollte der Leser dann die einzelnen Buchstaben des Wortes berechnen. So ergab z. B. nach dem hebräischen Alphabet der Name des Kaisers Nero den Zahlenwert 666. Da Nero jedoch vor etwa 2000 Jahren gelebt hat, kann er nicht »das Tier« der Endzeit sein. Wer dies wirklich ist, wird nur von denen erkannt werden, die einen geistlich klaren Blick haben; aber vermutlich erst dann, wenn die Zeit dafür gekommen ist.

Klar ist, daß das totalitäre System des Antichristen auch den einzelnen Menschen erfassen wird. Diese Entwicklung scheint sich bereits heute anzubahnen. Künftig wird jeder Bürger eine bestimmte Nummer erhalten, die er als Identitätsnachweis bei Banken, Behörden und ähnlichen Stellen vorzuweisen hat. Bei seiner Registrierung sollen bis zu 300 Einzeldaten festgehalten werden, wie: Name, Geburtsort, Geburtsdatum, Wohnung, Arbeitsplatz, Religionszugehörigkeit, politische Einstellung, Versicherungen, Hobbies, evtl. Vorstrafen, Vermögensverhältnisse usw. Schon heute ist man darüber in Sorge, daß solche, in Computern gespeicherte Angaben, mißbraucht werden könnten; deshalb wird immer wieder die Forderung nach einem Datenschutzgesetz laut. Doch selbst wenn es ein solches geben sollte, dürfte sich ein Diktator – und ein solcher wird der Antichrist sein – ohne große Schwierigkeiten darüber hinwegsetzen können.

Auch über Israel wird der Antichrist Macht gewinnen. Er wird im Tempel zu Jerusalem, der bis dahin wieder aufgebaut sein wird, ein Greuelbild aufstellen und sich selbst anbeten lassen. Darüber sagt Daniel: ». . . ein kleines Horn, das wurde sehr groß nach Süden, nach Osten und nach dem herrlichen Land hin. Und es wuchs bis an das Heer des Himmels und warf einige von dem Heer und den Sternen zur Erde und zertrat sie. Ja, es wuchs bis zum Fürsten des Heeres und nahm ihm das tägliche Opfer weg und verwüstete die Wohnung seines Heiligtums. Und es wurde Frevel an dem täglichen Opfer verübt, und das Horn warf die Wahrheit zu Boden. Und was es tat, gelang ihm« (Daniel 8, 9–12).

Diese Vorhersagen werden sich zur Zeit des Antichristen erfüllen; darauf deuten die Verse 17 und 26 hin: ». . . dies Gesicht geht auf die Zeit des Endes.« – ». . . es ist noch eine lange Zeit bis dahin.«

Der Apostel Paulus schreibt dazu: ». . . der Sohn des Verderbens, der da ist der Widersacher und sich erhebt über alles, was Gott oder Gottesdienst heißt, so daß er sich setzt in den Tempel Gottes und vorgibt, er sei Gott« (2. Thessalonicher 2, 4).

Als Jesus über seine Wiederkunft sprach (Matthäus 24, 15), wies er darauf hin, daß zuvor ein Greuelbild aufgestellt würde, wie Daniel es vorausgesagt hatte: »Er wird aber vielen den Bund schwer machen eine (Jahr-)Woche lang, und in der Mitte der Woche wird er Schlachtopfer und Speisopfer abschaffen. Und im Heiligtum wird stehen ein Greuelbild, das Verwüstung anrichtet« (Daniel 9, 27).

Wahrscheinlich bezieht sich Jesus auf den Antichristen, wenn er sagt: »Ich bin gekommen in meinem Namen, und ihr nehmt mich nicht an. Wenn ein anderer wird in seinem eigenen Namen kommen, den werdet ihr annehmen« (Johannes 5, 43). Jesus will damit vermutlich sagen, daß Israel zuerst auf den Antichristen hereinfallen wird, in der Annahme, daß er der Messias sei. Demnach müßte der Antichrist ein Jude sein, denn es ist kaum denkbar, daß die Juden den Angehörigen eines anderen Volkes als Messias anerkennen.

Gleichzeitig mit dem Antichristen wirkt der falsche Prophet, der das »zweite Tier« genannt wird. Mit seinen demagogischen Reden und dämonischen Wundertaten führt er dem Antichristen die Massen zu: »Und ich sah ein zweites Tier aufsteigen, das hatte zwei Hörner gleich wie ein Lamm und redete wie ein Drache. Und es übt alle Macht des ersten Tieres vor ihm, und es macht, daß die Erde und die darauf wohnen, anbeten das erste Tier, dessen tödliche Wunde heil geworden war. Und es tut große Zeichen, daß es auch macht Feuer vom Himmel fallen auf die Erde vor den Menschen; und verführt, die auf Erden wohnen, durch die Zeichen, die ihm gegeben sind, zu tun vor dem Tier; und sagt denen, die auf Erden wohnen, daß sie ein Bild machen sollen dem Tier, das die Wunde vom Schwert hatte und lebendig geworden war. Und es ward ihm gegeben, daß er dem Bild des Tieres Geist gab, damit des Tieres Bild redete und machte, daß alle, die nicht des Tieres Bild anbeteten, getötet wurden« (Offenbarung 13, 11–15).

Wer das Bild des Antichristen nicht anbetet, wird getötet werden. Toleranz wird dieser Gewaltherrscher nicht kennen. Es bleibt offen, wie weit auch das Fernsehen in diesem Zusammenhang gesehen werden muß.

Man strebt heute an, Leben aus der Retorte zu schaffen. Wenn dies gelänge, würde es von der gesamten Menschheit als das große Wunder anerkannt werden. Offensichtlich wird der falsche Prophet durch satanische Macht das Standbild des Antichristen lebendig machen. Die Folge wird sein, daß die Massen, die ohne geistliches Unterscheidungsvermögen sind, den Antichristen als Gott verehren.

Von Anfang an war es das höchste Ziel Satans, Gott gleich zu sein und sich anbeten zu lassen. Im Bericht über die Versuchung Jesu (Matthäus 4, 9ff.) wird gesagt, daß Satan sogar den Sohn Gottes aufforderte ihn anzubeten. Jesus lehnte jedoch entschieden ab und antwortete mit einem Bibelzitat: »Du sollst anbeten Gott, deinen Herrn, und ihm allein dienen.«

Satan versucht immer wieder, Gott zu entthronen und ihn aus dem Bewußtsein der Menschen zu verdrängen. In unserer Zeit, die bereits antichristliche Züge trägt, bedient er sich dabei sogar mancher Theologen, die nach scheinbar wissenschaftlichen Methoden Kritik an der Bibel üben und die Heilige Schrift »entmythologisieren«. Dabei zerstören sie vielen Menschen das Fundament des Glaubens. Sie leugnen die Gottessohnschaft Jesu ebenso wie sein Erlösungswerk am Kreuz. Die Botschaft von der Erlösung durch das Blut Jesu Christi wird von einer Botschaft der »Mitmenschlichkeit« abgelöst. Mit der »Gott-ist-tot-Theologie« wird der allmächtige Schöpfergott und Vater im Himmel zu einer »zwischenmenschlichen Beziehung« degradiert, in welcher, wie es heißt, Gott »geschieht«.

Doch nicht nur der Unglaube breitet sich aus; auch der Aberglaube nimmt zu. Immer mehr Menschen setzen ihr Vertrauen auf Wahrsagerei, Pendeln, Horoskop, Talisman und Amulett, Tierkreiszeichen und sogenannte Schutzbriefe. Zauberbücher und andere okkulte Schriften werden heute in Massen gedruckt und verkauft. Auch der Kreis der Teufelsanbeter weitet sich aus. Kongresse für Hexer und Magie werden nicht länger heimlich, sondern in aller Öffentlichkeit durchgeführt und publiziert. Östliche Religionen und Gurus (religiöse, oft als göttliche Wesen verehrte Lehrer) verfügen über großen Zulauf. Yoga und transzendentale Meditation ersetzen bei vielen den Glauben an Jesus Christus. Alles beginnt, sich auf die Zeit des Endes zuzuspitzen.

Die Zeit des Antichristen ist von Gott begrenzt. Nach Offenbarung 16 wird er den größten Weltkrieg aller Zeiten vom Zaun brechen, in dem es zur Schlacht von Harmagedon kommt. Dann erscheint Jesus Christus und besiegt den Teufel und mit ihm alle Feinde Gottes. Danach wird Jesus Christus sein Friedensreich aufrichten und die Herrschaft auf dieser Erde übernehmen.

Wer in Jesus Christus die Vergebung seiner Schuld erlangt hat und ihm als Herrn vertraut, der wartet letztlich nicht auf Katastrophen, den Antichristen, die Zeit der Trübsal und den Weltuntergang. Er weiß, daß dies alles kommen muß; aber er verzagt nicht, denn er weiß sich geborgen in Gott. Jesus sagte zu den Männern und Frauen, die ihm nachfolgten: »Wenn aber dieses anfängt zu geschehen, so seht auf und erhebet eure Häupter, darum daß sich eure Erlösung naht« (Lukas 21, 28).

Die große Trübsal

Christen haben zu allen Zeiten Verfolgungen und Drangsale durchmachen müssen. Schon Paulus sprach davon, daß »wir durch viel Trübsale in das Reich Gottes eingehen müssen« (Apostelgeschichte 14, 22). Trübsal und Verfolgung dienen dazu, die Christen Christus ähnlicher zu machen. Sie sind – wenn es uns auch nicht immer leichtfällt, das zu erkennen – ein Liebesbeweis Gottes; denn »welchen der Herr liebhat, den züchtigt er« (Hebräer 12, 6).

Wenn in der Bibel von »der großen Trübsal« die Rede ist, dann ist damit eine bestimmte Zeit vor der sichtbaren Wiederkunft Jesu gemeint, nachdem Israel aus der Zerstreuung zurückgekehrt ist: ». . . denn es wird eine Zeit so großer Trübsal sein, wie sie nie gewesen ist, seitdem es Menschen gibt, bis zu jener Zeit . . . und (er) schwor bei dem, der ewig lebt, daß es eine Zeit und zwei Zeiten und eine halbe Zeit währen soll; und wenn die Zerstreuung des heiligen Volkes ein Ende hat, soll dies alles geschehen« (Daniel 12, 1. 7).

Wann und wie lange?

In Daniel 9, 24–27 wird von 70 Jahrwochen gesprochen, die Israel (»dein Volk«) betreffen. Eine Jahrwoche zählt sieben Jahre. Der Textzusammenhang ergibt, daß die Zeit vom Befehl zum Wiederaufbau Jerusalems (ca. 458 v. Chr.) bis zum Tod des Gesalbten (griechisch = Christus) etwa 25 n. Chr. 69 Jahrwochen umfaßt. Dabei ist berücksichtigt, daß das Geburtsjahr Jesu etwa sieben Jahre vor der Zeitwende liegt. In die 70. und letzte Jahrwoche fällt die sieben Jahre dauernde Regierungszeit des Antichristen. Zwischen der 69. und 70. Jahrwoche liegt die Zeit der Gemeinde.

Die »Angst in Jakob«

Die »große Trübsal« fällt in die zweite Hälfte der Regierungszeit des Antichristen. Einige Bibelstellen geben ihre genaue Zeitdauer an. So sagt Daniel: »Sie werden in seine Hand gegeben werden, eine Zeit, zwei Zeiten und eine halbe Zeit« (Daniel 7, 25); und in Offenbarung 13, 5 heißt es: ». . . und ward ihm gegeben, daß es mit ihm währte 42 Monate lang« (= dreieinhalb Jahre).

Da sich der Einflußbereich des Antichristen über die ganze Welt erstreckt, wird auch die große Trübsal alle Völker erfassen. Aber besonders Israel wird darunter zu leiden haben: »Wehe, es ist ein gewaltiger Tag, und seinesgleichen ist nicht gewesen, und es ist eine Zeit der Angst für Jakob (Israel); doch soll ihm daraus geholfen werden« (Jeremia 30, 6). Gott kündigt seinem Volk diese schwere Zeit nicht nur an; er verbindet mit der Ankündigung zugleich Hoffnung, denn er selbst wird rettend eingreifen.

Auch Jesus erwähnt im Zusammenhang mit seiner Wiederkunft die große Trübsal: »Denn es wird alsdann eine große Trübsal sein, wie sie nicht gewesen ist von Anfang der Welt bisher und auch nicht wieder werden wird« (Matthäus 24, 21). In Matthäus 24 ist besonders von Israel die Rede:

Vers 15: Im Tempel, dem Mittelpunkt jüdischer Gottesverehrung, wird ein Götzenbild aufgestellt werden.

Vers 16: Den Einwohnern im jüdischen Lande wird die Flucht auf die Berge empfohlen.

Vers 20: Sie sollen darum beten, daß ihre Flucht nicht am Sabbat geschieht. Das muß sich besonders auf die gesetzestreuen Juden beziehen.

Vers 26: Die Christen erwarten den wiederkommenden Herrn nicht »in der Wüste«, sondern vom Himmel, aus der unsichtbaren Welt Gottes. Israel aber steht in der Gefahr, sich einen falschen Messias zu erwählen, weil es Jesus bisher nicht als Messias anerkannt hat.

Die zwei Zeugen

Aus verschiedenen Aussagen der Heiligen Schrift geht hervor, daß die Juden zu dieser Zeit wieder ein Heiligtum haben werden, in dem sie Gott anbeten und ihm Opfer bringen. In der Mitte seiner Regierungszeit wird der Antichrist jedoch den Opferdienst verbieten und dafür sein Greuelbild aufstellen: »In der Mitte der (Jahr-)Woche wird er Schlachtopfer und Speisopfer abschaffen, und im Heiligtum wird stehen ein Greuelbild« (Daniel 9, 27). Einige Bibelausleger sind der Ansicht, daß sich diese Prophezeiung bereits unter Antiochus Epiphanes erfüllt habe. Dieser schändete damals zwar den Tempel und ist damit ein Vorläufer des Antichristen. Die hier erwähnte Prophezeiung kann durch ihn jedoch nicht erfüllt worden sein, denn Antiochus Epiphanes regierte von 175–164 v. Chr. Jesus sprach etwa 200 Jahre später davon, daß die Aufstellung des Greuelbildes noch bevorstehe (Matthäus 24, 15). Dabei verweist er ausdrücklich auf die Aussagen des Propheten Daniel.

In die Zeit des Antichristen fällt auch der Dienst der zwei Zeugen Gottes (Offenbarung 11, 3–13), die von Jerusalem aus die Nationen zur Buße aufrufen: »Und ich will meinen zwei Zeugen geben, daß sie sollen weissagen zwölfhundertsechzig Tage angetan mit Trauerkleidern . . .« In der Bibel wird nichts darüber gesagt, wer diese beiden Männer sind; es wird jedoch berichtet, daß sie mit gleicher Vollmacht wie Mose und Elia ausgerüstet sind. Niemand darf ihnen Schaden zufügen; wer es dennoch versucht, muß sterben. Sie besitzen die Macht, zu gebieten, daß es nicht regnet (wie Elia). Und sie können Wasser in Blut verwandeln (wie Mose bei den ägyptischen Plagen). Die beiden Zeugen werden noch andere Prüfungen und Gerichte über die von Gott losgelöste Welt bringen. Nach dreieinhalbjähriger Dienstzeit läßt Gott zu, daß der Antichrist sie tötet. Aber sie werden nach dreieinhalb Tagen vor den Augen der Weltöffentlichkeit auferstehen und zu Gott entrückt werden.

Durch den Dienst der beiden Zeugen Gottes in der ersten Hälfte der Regierungszeit des Antichristen, durch die während der Trübsal gewonnene Erkenntnis, daß das »Tier« nicht der Messias, sondern der Widersacher Gottes ist, und unter der Last der Drangsal wird Israel Jesus als seinen Messias erkennen und an ihn glauben: ». . . eine Zeit so großer Trübsal . . . Aber zu jener Zeit wird dein Volk errettet werden, alle, die im Buch geschrieben stehen« (Daniel 12, 1). Dann wird, nach Paulus, ihre Verblendung ein Ende haben: »Doch bis auf den heutigen Tag, wenn Mose gelesen wird, hängt die Decke vor ihrem Herzen. Wenn Israel aber sich bekehrt zu dem Herrn, so wird die Decke abgetan« (2. Korinther 3, 15–16). Dann wird sich auch ein anderes Pauluswort erfüllen: ». . . Blindheit ist Israel zum Teil widerfahren, solange, bis die Fülle der Heiden (die Gemeinde) eingegangen ist, und alsdann wird das ganze Israel gerettet werden« (Römer 11, 25–26).

Auch der Prophet Hosea, der etwa 750 Jahre vor Christus lebte, spricht von der Bekehrung Israels in der Endzeit: »Denn lange Zeit werden die Kinder Israel ohne König und ohne Oberen bleiben, ohne Opfer, ohne Steinmal (Altar), ohne priesterliches Schulterkleid und ohne Hausgott. Danach werden die Kinder Israel sich bekehren und den Herrn, ihren Gott, und ihren König David suchen und werden mit Zittern zu dem Herrn und seiner Gnade kommen in der letzten Zeit« (Hosea 3, 4–5).

Am Ende der großen Trübsalszeit wird es zur Schlacht von Harmagedon kommen, die der wiederkommende Jesus Christus durch seinen Sieg beendet. Der Antichrist und der falsche Prophet werden von ihm in die Verdammnis hinabgestoßen werden: »Und das Tier ward ergriffen und mit ihm der falsche Prophet, der die Zeichen tat vor ihm, durch welche er verführte, die das Malzeichen des Tieres nahmen und die das Bild des Tieres anbeteten. Lebendig wurden diese beiden in den feurigen Pfuhl geworfen, der mit Schwefel brannte . . .« (Offenbarung 19, 20).

In jener Zeit wird auch geschehen, was Jesus in Matthäus 24, 29–30 angekündigt hat: »Bald aber nach der Trübsal jener Zeit werden Sonne und Mond den Schein verlieren, und die Sterne werden vom Himmel fallen, und die Kräfte des Himmels werden ins Wanken kommen. Alsdann wird erscheinen das Zeichen des Menschensohnes am Himmel. Und alsdann werden heulen alle Geschlechter auf Erden und werden kommen sehen des Menschen Sohn in den Wolken des Himmels mit großer Macht und Herrlichkeit.«

Damit beginnt die Herrschaft Jesu Christi im Tausendjährigen Friedensreich auf dieser Erde (Offenbarung 20, 1–6).

Die 70 Jahrwochen nach Daniel 9, 24-27

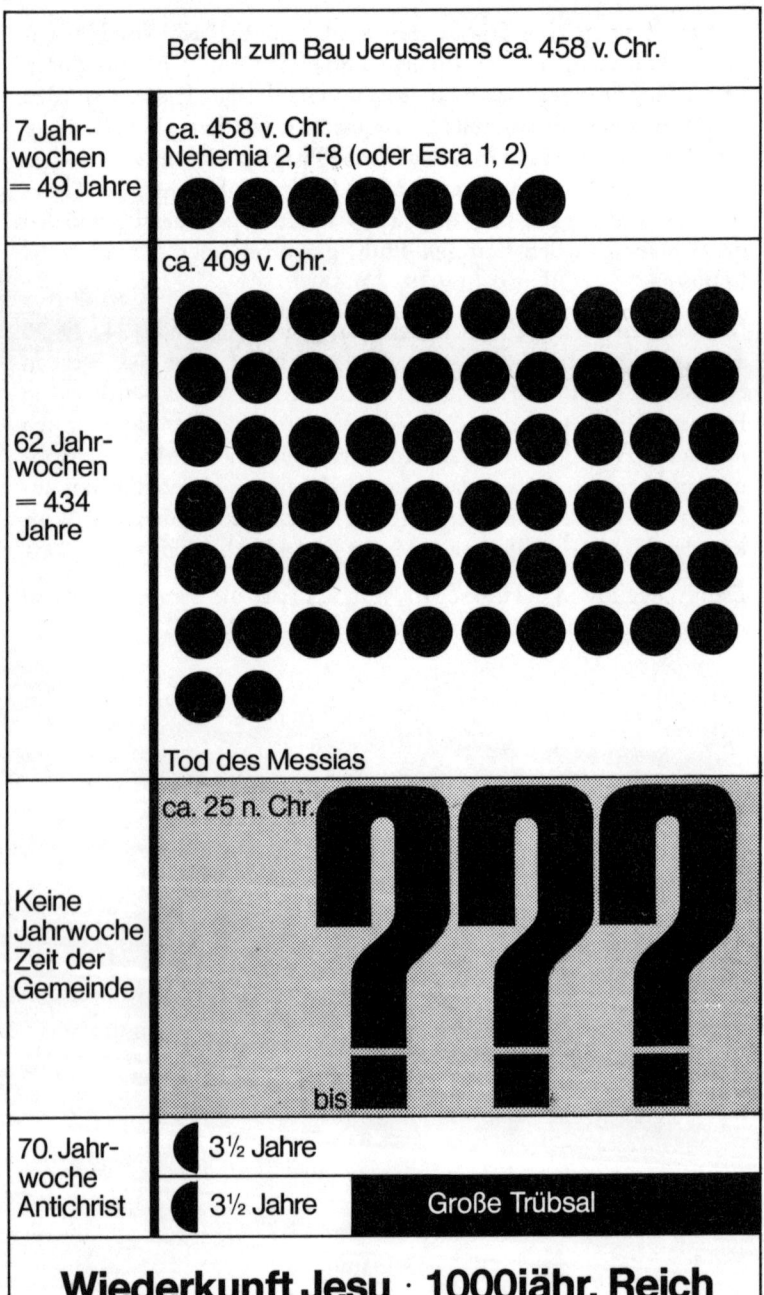

Befehl zum Bau Jerusalems ca. 458 v. Chr.

7 Jahr-wochen = 49 Jahre

ca. 458 v. Chr.
Nehemia 2, 1-8 (oder Esra 1, 2)

62 Jahr-wochen = 434 Jahre

ca. 409 v. Chr.

Tod des Messias

Keine Jahrwoche Zeit der Gemeinde

ca. 25 n. Chr.

???

bis

70. Jahr-woche Antichrist

3½ Jahre

3½ Jahre · Große Trübsal

Wiederkunft Jesu · 1000jähr. Reich
Offb. 20, 1-6

Die Hure Babylon

Das alte Babel

Das alte Babel wurde durch den Hamiten Nimrod gegründet. Der Name der Stadt wird mit »verwirren« oder »zerstreuen« in Verbindung gebracht: »Daher heißt ihr Name Babel, weil der Herr daselbst verwirrt hat aller Länder Sprache und sie dort zerstreut hat in alle Länder« (1. Mose 9). Beim Turmbau von Babel ging es den Menschen wohl nicht allein darum, durch die Errichtung dieses hohen Bauwerks ihre Macht und ihr Können zu demonstrieren, sondern auch um einen Versuch, mit der dämonischen Welt in intensiveren Kontakt zu kommen, die nach Epheser 6, 12 im Luftreich herrscht. Die Babylonier selbst verstanden den Namen ihrer Stadt als »Tor der Götter«. Und Paulus bezeichnet den Götzendienst als Dämonenverehrung (1. Korinther 10, 20).

Schon in früher Zeit haben sich »Göttersöhne« unter die Menschen gemischt und Frauen genommen (1. Mose 6: hier handelt es sich um gefallene Engel, also um Dämonen; in Hiob 1 u. 2 werden die Engel als Gottessöhne bezeichnet). Die aus diesen Verbindungen hervorgegangenen Kinder verführten die Menschen der damaligen Zeit zur Gottlosigkeit. Dies war einer der Gründe für das göttliche Strafgericht der Sintflut.

Während der ganzen Zeit, über die die Bibel berichtet, befindet sich Babel in der Auflehnung gegen Gott. Deshalb wurde die Stadt von Gottes Gericht getroffen. Das alte Babel, das am Euphrat lag, wurde zerstört und sollte nie mehr aufgebaut werden: »Denn vor dem Zorn des Herrn wird sie unbewohnt und ganz wüst bleiben ... Und es soll nie mehr bewohnt werden« (Jeremia 50, 13). An anderer Stelle bestätigt Jeremia diese Aussage: »Und Jeremia sprach zu Seraja: ›Wenn du nach Babel kommst, so schaue zu und lies laut alle diese Worte und sprich: Herr, du hast geredet gegen diese Stätte, daß du sie ausrotten willst, so daß niemand darin wohne, weder Mensch noch Vieh, sondern daß sie immerdar wüst sei. Und wenn du das Buch ausgelesen hast, so binde einen Stein daran und wirf's in den Euphrat und sprich: So soll Babel versinken und nicht wieder aufkommen von dem Unheil, das ich über sie bringen will, sondern soll vergehen‹« (Jeremia 51, 61–64).

Diese Vorhersage erfüllte sich wörtlich. Heute findet man an der

Stelle, wo die alte Stadt sich ausbreitete, nur noch Ruinen. Man hat, auch in jüngster Vergangenheit, versucht, wenigstens einen Teil der Stadt wieder aufzubauen. In einer Pressenotiz vom November 1971 heißt es:

> »Der irakische Präsident hat die UNESCO um finanzielle Hilfe zum Wiederaufbau der biblischen Stadt Babylon ersucht. Das irakische Programm sieht den Wiederaufbau des Turmes zu Babel, der hängenden Gärten und eines Teils der Stadtmauer vor.«

Inzwischen scheint dieses Projekt auf Eis gelegt worden zu sein; nach den biblischen Voraussagen ist mit seiner Wiederaufnahme auch nicht zu rechnen.

Dennoch spielt Babylon nach Offenbarung 17 und 18 in der Endzeit wieder eine bedeutende Rolle:

a) Als große Stadt (Megapolis), die als Zentrale der antichristlichen Weltmacht zu besonderer Geltung gelangen wird. Es wird nicht das alte, neuaufgebaute Babel sein, sondern eine andere alte Stadt, die einen eigenen Namen besitzt, aber die Rolle des alten Babylon übernimmt.

b) Als ein antichristlich ausgerichtetes, religiöses System.

Babel als Stadt der Endzeit

Petrus übermittelt den Christen in der Diaspora Grüße aus »Babylon« (1. Petrus 5, 13). Da die Stadt Babel damals bereits nicht mehr existierte, muß es sich um einen Decknamen handeln. Man nimmt an, daß Rom gemeint sein könnte, von dem ein großer Einfluß auf die gesamte damals bekannte Welt ausging. Für Rom sind die in dem Brief des Petrus angesprochenen Gefahren besonders typisch, und hier wurden die Christen auf grausamste Art verfolgt und umgebracht.

Rom wurde auf sieben Hügeln erbaut und wird deshalb auch »Sieben-Hügel-Stadt« genannt. Von einer Stadt, auf die eine solche Bezeichnung zutrifft, ist in Offenbarung 17, 9 die Rede: »Die sieben Häupter sind sieben Berge, auf welchen das Weib (die Hure Babylon) sitzt.«

Nach Offenbarung 18, 12–23 trägt das Babylon der Endzeit die Kennzeichen einer »kapitalistischen« Metropole; man findet in ihr Kostbarkeiten, die auf großen Reichtum hinweisen: Schmuck, teure Kleider, Marmor, kostbare Hölzer (Möbel), Elfenbeinschnitzereien, Kosmetika, erlesene Nahrungsmittel, besondere kulturelle Darbietungen usw. In diesem Zusammenhang wird immer wieder der Reichtum und die Prachtentfaltung des Vatikans erwähnt.

Geschäftsleute und Politiker werden durch diese Stadt Vorteile erlangen: »Die Könige auf Erden haben mit ihr Unzucht getrieben, und die Kaufleute auf Erden sind reich geworden von ihrer großen Üppigkeit« (Offenbarung 18, 3). Bis auf den heutigen Tag bemühen sich sowohl atheistische wie kommunistische Politiker und Industriemagnaten um eine Audienz beim Papst. Man hält sie offensichtlich für bedeutungsvoll.

Auf den großen politischen Einfluß des endzeitlichen Babylon deutet Offenbarung 17, 15 und 18 hin: »Die Wasser, die du gesehen hast, wo die Hure sitzt, sind Völker und Scharen und Heiden und Sprachen . . . Und das Weib, das du gesehen hast, ist die große Stadt, die die Herrschaft hat über die Könige auf Erden.«

Das Weib, die Hure Babylon, wird demnach Macht über die Regierungen dieser Welt besitzen. Keine andere Stadt scheint sich dafür so anzubieten wie Rom. Der Vatikan bildet einen selbständigen Staat mit diplomatischen Vertretungen in aller Welt. Von hier aus werden nicht nur die Entwicklungen innerhalb der römisch-katholischen Kirche kontrolliert. Hier wird auch Politik gemacht. Im Mittelalter waren die Päpste oft mächtiger als Könige und Kaiser. Kaiser Heinrich IV. blieb keine andere Wahl, als im Jahr 1077 n. Chr. jenen berühmten »Bußgang nach Canossa« zu Papst Gregor VII. anzutreten. Auch in der Gegenwart demonstriert der Vatikan immer wieder seine Macht (wenn auch nicht immer für die Öffentlichkeit sichtbar). Für diese Haltung charakteristisch ist vielleicht eine AP-Meldung vom 17. 10. 1971 anläßlich der Feierlichkeiten zum 2500jährigen Bestehen des Perserreiches in Persepolis.[9] Für die 96 Vertreter der verschiedenen Staaten waren prachtvolle Gästezelte vorgesehen; sie reichten jedoch nicht aus. Einige Würdenträger, darunter Vertreter des Papstes, Maximilian Kardinal de Fürstenberg, waren deshalb gezwungen, mit Hotelzimmern vorliebzunehmen. Der Kardinal jedoch pochte erfolgreich auf seine protokolarischen Rechte und sein Zelt. »Wenn ich mein Zelt nicht bekomme, werde ich zu den Feierlichkeiten nicht erscheinen«, ließ er mitteilen. »Wir hoffen, daß Sie diesen kleinen Zwischenfall vergessen werden«, entschuldigte sich prompt ein persischer Protokollbeamter bei ihm. Darauf Fürstenberg: »Ich werde es vergessen – aber der Vatikan hat ein langes Gedächtnis.«

Das Babylon der Endzeit ist auch die Stadt der Märtyrer: »Die Hure ist trunken vom Blut der Heiligen« (Offenbarung 17, 6), und »das Blut der Propheten und Heiligen und aller derer, die auf Erden getötet sind, ward in ihr gefunden« (Offenbarung 18, 24).

Auch in dieser Hinsicht spricht manches für Rom; weder New York noch Moskau oder Berlin scheinen sich in ähnlicher Weise anzubieten. Römische Kaiser haben bereits die ersten Christen verfolgt und auf grausame Weise getötet. Ihre Rolle übernahmen später die Päpste, das »geistliche Rom«, und sie standen den Kaisern kaum nach. Auf Befehl des Vatikans wurden Christen, die sich an die Bibel hielten, als »Ketzer« verbrannt oder vertrieben. So wurden noch im 17. Jahrhundert die Waldenser als eine christliche Reformbewegung blutig verfolgt, weil sie sich in erster Linie an biblischen Maßstäben orientierten. Die protestantischen Hugenotten wurden am 24. 8. 1572 in der berüchtigten Bartholomäusnacht in Paris brutal niedergemetzelt. Im Jahr 1731 wurden durch Erzbischof Firmian die protestantischen Salzburger vertrieben; sie fanden später in Ostpreußen und den USA eine neue Heimat. Allein der Besitz einer Bibel und das Festhalten an ihren Aussagen machte viele Christen zu Märtyrern. Rom hat sich in dieser Hinsicht oft als »Babylon« erwiesen.

In diesem Zusammenhang muß klargestellt werden, daß eine Kritik am Vatikan nicht zugleich als pauschale Kritik an den katholischen Christen verstanden werden darf. Ich habe persönlich viele katholische Christen kennengelernt, die Jesus Christus genau so liebhaben und ihm nachfolgen wie ich selbst. Mit ihnen können protestantische Christen in herzlicher Bruderschaft verbunden sein. Es geht an dieser Stelle nicht um die Beurteilung von Christen verschiedener Konfessionen, sondern um unbiblisches, ja antichristliches Verhalten von Vertretern kirchlich-institutioneller Macht, das immer wieder auch empörte Kritik unter gläubigen katholischen Christen auslöst.

Vom großen politischen Einfluß des endzeitlichen Babylon spricht auch Offenbarung 17, 3–5: ». . . Und ich sah ein Weib sitzen auf einem scharlachfarbenen Tier, das war voll lästerlicher Namen und hatte sieben Häupter und zehn Hörner . . . Und an ihrer Stirn war geschrieben ein Name, ein Geheimnis: Das große Babylon, die Mutter der Hurerei und aller Greuel auf Erden.« Die Hure Babylon reitet auf dem Zehnhörnertier, mit dem der bereits erwähnte Zehn-Staatenbund gemeint ist (vgl. »Der Zehn-Staatenbund«, Seite 54).

Babylon als religiöses System

Babylon wird als Hure bezeichnet: ». . . Ich will dir zeigen das Gericht über die große Hure, die an vielen Wassern sitzt, mit welcher Unzucht getrieben haben die Könige auf Erden; und die da wohnen auf Erden sind trunken geworden von dem Wein ihrer Unzucht« (Offenbarung 17, 1. 2). Die »Hure« Babylon bildet das Gegenstück zu dem »Weib« (Israel) und der »Braut des Lammes« (= der Gemeinde Jesu Christi).

Zur Gemeinde Jesu Christi gehören alle Menschen, die an Jesus Christus glauben, egal, welcher christlichen Denomination sie zuzuzählen sind. Sie wissen, daß Jesus Christus ihnen durch seinen stellvertretenden Tod am Kreuz ihre Sünden vergeben hat, daß sie durch sein Blut erlöst und durch seinen Geist zu neuen Menschen geworden sind, die eine neue, lebendige Hoffnung besitzen. Bei der Gestaltung ihres Lebens ist es ihnen oberstes Gebot, den Willen Gottes zu erkennen und zu tun; die Heilige Schrift ist für sie alleiniger Maßstab für Glaube und Leben. Sie dienen Jesus Christus und bekennen sich öffentlich zu ihm. Trotz der Zugehörigkeit zu unterschiedlichen Gemeinden und verschiedenen Frömmigkeits- und Gottesdienstformen achten und lieben sie einander. Sie erfahren etwas von der Gemeinschaft der Christen über denominationelle und kirchliche Grenzen hinweg, ohne von einer besonderen Institution dirigiert zu werden.

Die Hure Babylon stellt dagegen lediglich ein religiöses System dar; es gibt sich lebendig, ist aber geistlich tot (Offenbarung 3, 1). Seine Kennzeichen sind Geltungsbedürfnis und Streben nach Macht: »Die Wasser, die du gesehen hast, wo die Hure sitzt, sind Völker und Scharen und Heiden und Sprachen« (Offenbarung 17, 15). Dies könnte durchaus als Bild für ein gewisses Namenschristentum zu verstehen sein, in dem der Name christlich und eine äußere christliche Form noch gewahrt sind, biblischer Glaube jedoch längst der Anpassung an die Welt gewichen ist. So führt z. B. die von bestimmten Vertretern der Ökumene angestrebte Einheit unter den christlichen Konfessionen nicht zur Erfüllung des Jesuswortes: »auf daß sie alle eins seien«. Wo »geistliche Einheit« durch organisatorisch-konfessionellen Zusammenschluß ersetzt wird, tritt eine Superorganisation Kirche an die Stelle der »Gemeinschaft der Heiligen«, geht es um einen organisatorischen Zusammenschluß auf Kosten der biblischen Wahrheit. Der von Teilen der Ökumene angestrebte »Dialog« mit den heidnischen Großreligionen enthält eine Tendenz zur Anpassung, in der die Einzigartigkeit und Einmaligkeit der Person Jesu Christi gefährdet, wenn nicht bereits preisgegeben ist.

Die katholische Kirche verfügt mit ihren 710 Millionen Mitgliedern über einen großen Einfluß in der ganzen Welt. Der Vatikan bemüht sich auf verschiedenen Wegen um Kontakt zu allen wichtig erscheinenden Persönlichkeiten. So ging die Meldung von einer Begegnung zwischen dem Papst und dem Dalai-Lama durch die Zeitungen. Der Papst, so heißt es darin, begrüßte den Dalai-Lama, das Oberhaupt des Lamaismus in Tibet, auf das herzlichste. Er nannte ihn »Eure Heiligkeit« und versicherte ihm, daß die religiöse und humane Tradition Asiens zu Recht große Verehrung genieße. – Nun ist nichts dagegen einzuwenden, wenn ein kirchlicher Würdenträger einen Mann wie den Dalai-Lama empfängt. Aber fällt es wirklich noch unter das Gebot »christlicher Höflichkeit«, eine Religiosität zu verehren, der man als Christ, wenn auch mit aller zu Gebote stehenden Höflichkeit, dennoch eindeutig die Einzigartigkeit der Person Christi und seines Evangeliums entgegenstellen muß? Worum geht es bei derartigen Begegnungen: um die Sache des Christentums, um Fragen der – nicht nur kirchlichen – Politik, um Anpassung zugunsten (kirchen-)politischer Macht? In einem Missionsbericht heißt es, daß die katholische Kirche den Anhängern des Shintoismus, die zur römisch-katholischen Kirche übertreten, gestattet, die äußere Form des bisherigen Ritus der Ahnenverehrung vor dem häuslichen Shinto-Schrein beizubehalten. Sie sollen dabei lediglich der Ahnen als »armer Seelen im Fegefeuer« fürbittend gedenken. – Derartige Praktiken der Missionierung sind nicht neu, vor allem, wenn wir an Südamerika denken. Sie mögen zahlenmäßig auch zu »Erfolgen« führen; aber die so für die Kirche Gewonnenen bleiben im Grunde Heiden.

In letzter Zeit fällt das Werben protestantischer Kirchen um das Wohlwollen führender Gremien der katholischen Kirche besonders auf. Es scheint, als könnte der Vatikan eines Tages die Führung in einer Welteinheitskirche übernehmen und damit zu noch größerer Machtentfaltung gelangen.

Der falsche Prophet, der die Massen verführen und in die Arme des Antichristen treiben wird, wird sich dabei eines religiösen (vermutlich christlich erscheinenden) Systems bedienen, indem aber göttliches Leben fehlt. Für die Idee einer Einheitskirche oder gar einer Universalreligion, in der alle, auch heidnische Richtungen Platz finden, sind heute viele Menschen aufgeschlossen. In einer solchen Superreligion aber wird es für Jesus Christus keinen Platz geben.

Der christliche Glaube steht und fällt mit der Einmaligkeit und Einzigartigkeit der Person Jesu Christi. Es ist nicht vorstellbar, daß sich alle übrigen Religionen einem derartigen christlichen »Universalanspruch« unterordnen könnten, der praktisch ihrer Auflösung gleichkäme. Der christliche Beitrag zu einem solchen Unternehmen würde also nur ein »scheinchristlicher« sein können; denn er würde sich auf christliche Formen beschränken und die entscheidenden christlichen Inhalte ausklammern müssen.

Bestrebungen, einer solchen Weltgemeinschaft den Weg zu ebnen, sind bereits im Gange. So soll der Leiter der Abteilung »Dialog mit Vertretern der Religionen und Ideologien unserer Zeit« im Weltkirchenrat Dr. Stanley Samartha, Pressemeldungen zufolge, eine Tagung als »historisches Ereignis« bezeichnet haben, an der rund 50 Vertreter der fünf größten Weltreligionen aus 22 Ländern Afrikas, Asiens, Europas und Nordamerikas teilgenommen haben. Aus einem in Genf veröffentlichten Bericht geht hervor, daß im April 1974 in Colombo (Sri Lanka), Hindus, Buddhisten, Moslems, Juden und Christen über »Möglichkeiten und Verpflichtungen« für ein Zusammenleben auf dem »Weg zu einer Weltgemeinschaft« beraten haben. – Auch wenn ein solcher Zusammenschluß nicht zustande kommen sollte, so dürften doch zumindest Übereinkünfte erzielt werden, die die Zuständigkeit der einzelnen Religionen in bestimmten Gebieten der Welt festlegen und damit christliche Missions- und Evangelisationsarbeit einengen, wenn nicht unmöglich machen. Es ist durchaus vorstellbar, daß sich christliche Verhandlungspartner finden, die an derartigen Übereinkünften mitwirken. Bewußte Christen allerdings, die sich dem Missionsbefehl verpflichtet wissen, das Evangelium Jesu Christi bis in den letzten Winkel der Welt hineinzutragen, werden sich derartigen Bestrebungen nicht anschließen können. Sie werden vielmehr verstärkt ihre Fähigkeiten, ihre Zeit und ihr Geld dafür einsetzen, um die Evangelisation der Welt voranzutreiben, solange dazu noch Gelegenheit ist.

Die Hure Babylon wird darüber hinaus der Zauberei bezichtigt: ». . . Durch deine Zauberei sind verführt alle Völker« (Offenbarung 18, 23). Schon heute lassen sich die Menschen durch mancherlei Religionen und Ideologien verführen. Aber auch in die christlichen Kirchen schleichen sich falsche und unbiblische Lehren ein, die den göttlichen Maßstäben, wie sie uns in der Heiligen Schrift gegeben sind, nicht mehr entsprechen. Wir dürfen dankbar sein, für Pfarrer, Pastoren und Prediger, für alle, die in den verschiedenen Kirchen, Freikirchen und Gemeinschaften Verantwortung tragen und sich im Blick auf ihre Verkündigung und ihr eigenes Leben unbeirrt am Wort der Bibel orientieren. Aber man kann nicht leugnen, daß auch in vielen evangelischen Kreisen die Beschäftigung mit der Bibel zurückgegangen ist und einer beunruhigenden Gleichgültigkeit Platz gemacht hat. Diese Entwicklung wird in verheerender Weise unterstützt durch eine modernistische Theologie, die die Gottessohnschaft Jesu, sein Erlösungswerk am Kreuz und seine leibliche Auferstehung leugnet. Man braucht sich dann eigentlich nicht zu wundern, wenn viele Gotteshäuser leer bleiben und viele Menschen aus den Kirchen austreten. Oft fehlt in der Predigt der geistliche Zuspruch, der zu Gott hinführt, der Glauben weckt und der Vertrauen stärkt. Statt dessen wird Zweifel gesät und bei vielen der Glaube zerstört.

Darüber hinaus nimmt von Jahr zu Jahr die Politisierung der Kirchen zu. In dem »Rotbuch Kirche«[10] befassen sich junge Theologen kritisch mit der Situation in ihren Kirchen und beanstanden zu Recht:

- daß Kommunisten auf ihren Kanzeln predigen dürfen,

- daß auf dem Weg über die katechetischen Ämter neomarxistisches Gedankengut in den Religions- und Konfirmationsunterricht eingeschleust wird,

- daß evangelische Studentengemeinden zu Tummelplätzen der Linksradikalen werden,

- daß kirchliche Presseorgane und evangelische Akademien unter den Einfluß linker Ideologen geraten,

- daß Mitglieder der Kirchenleitungen sehr empfindlich auf Vorgänge in Südafrika reagieren, die ständige Verletzung der Menschenrechte etwa im Ostblock aber nicht annähernd mit der gleichen Intensität kritisieren.

Man kann nur mit Bedauern feststellen, daß ein antichristlicher Geist weite Kreise des Protestantismus erfaßt hat.

Von einer neuen Form von Religiösität in der evangelischen Kirche spricht auch der Religionswissenschaftler Professor Dr. Alfred Rupp anläßlich seines Kirchenaustritts. In einem offenen Brief an Landesbischof D. Helmut Claß, Stuttgart, und Präses Lic. Karl Immer, Düsseldorf, kritisierte Rupp die »sich zunehmend zu religiöser Ideologie entfaltenden Vorstellungen des Ökumenismus«, die das »interessante Phänomen der Selbstauflösung des christlichen Glaubens innerhalb jener Gemeinschaft erkennen« ließen. »Theologisch nehme ich mit Erschrecken neuarianisch-materialistische

Tendenzen wahr, welche evangelische Theologie in Wissenschaft und Praxis bis zur Verwechselbarkeit und Austauschbarkeit mit anderen materialistischen Vorstellungen umgestalten«, erklärte Rupp.[11]

Jemand hat einmal gesagt: »Die Kirche Christi hat heute keinen Feind gegen sich, sondern den wirklichen und wirksamsten Feind in sich.« Dieser Satz gilt nicht nur für die protestantischen Kirchen, sondern auch für die katholische Kirche. Dabei geht es bei dieser vor allem um eine unbiblische Lehre und Tradition, die die Wahrheit des Wortes Gottes verschleiert, ja verdeckt. Durch Jahrhunderte hindurch stand die katholische Tradition in vielen Dingen im Gegensatz zur Heiligen Schrift: Denken wir an den Marienkult, die Heiligenverehrung, das Messelesen für Tote, die Form des Meßopfers, die Unfehlbarkeit des Papstes, die Ablässe; sie gewannen durch ein apostolisches Dekret im Jahr 1975, dem »Heiligen Jahr« der katholischen Kirche, neu an Bedeutung.

In einer Stellungnahme des Hauptvorstandes der Deutschen Evangelischen Allianz zu ihrem Verhältnis zur römisch-katholischen Kirche heißt es u. a.:

> »Wir erkennen, daß innerhalb der römisch-katholischen Kirche die Verbreitung der Bibel zunimmt und manche Veränderungen vor sich gehen, die sich auch in Gesprächsbereitschaft und in einer Suche nach Kontakten zu anderen Kirchen äußert. Gleichwohl müssen wir feststellen, daß nach den jüngsten, offiziellen Dokumenten und Erklärungen die römisch-katholische Kirche an allen ihren trennenden Lehraussagen festhält, z. B. Marien-Dogmen, Heiligenverehrung, Unfehlbarkeit des Papstes, Absolutheitsanspruch der römisch-katholischen Kirche, Lehre von den Sakramenten u. a.

> Im Unterschied zur ökumenischen Bewegung, die einer weltweiten Einheit der Kirchen zustrebt, legen wir als Deutsche Evangelische Allianz darauf wert, die Struktur des Bruderbundes festzuhalten. Wir suchen die Brüder und nicht die Institutionen.

> Auch innerhalb der römisch-katholischen Kirche gibt es Brüder und Schwestern, mit denen wir uns verbunden wissen im Glauben an den Herrn Jesus Christus, in der Liebe zu ihm und seinem Wort, in der Hoffnung auf seine Wiederkunft und auf sein ewiges Reich. Mit diesen Brüdern und Schwestern können wir Gemeinschaft unter dem Wort Gottes haben . . .«

Der Sturz Babels

In Offenbarung 18, 4 fordert Christus seine Gemeinde auf, sich von den Sünden Babylons fernzuhalten: »Gehet aus von ihr, mein Volk, daß ihr nicht teilhaftig werdet ihrer Sünden, damit ihr nicht empfanget etwas von ihren Plagen.«

Wer sich antichristlichen Entwicklungen anpaßt und unterwirft, verfällt dem Gericht. Das bedeutet gewiß nicht, daß man Hals über Kopf eine bestimmte Kirche oder Gemeinde verlassen sollte, in der man »Unvollkommenheiten feststellt«; so wie kein Christ in seinem Wesen und seinem Verhalten vollkommen ist, kann auch keine Gemeinde vollkommen sein; Einseitigkeiten oder Fehlerhaftigkeiten dieser oder jener Art werden in allen christlichen Kreisen zu finden sein. Aber da, wo biblischer Glaube sich nicht entfalten kann oder gar abgewürgt wird, sollte man nach sorgfältiger Prüfung die Konsequenzen ziehen, sich von einer solchen Gemeinde trennen und sich einem christlichen Kreis anschließen, der allein auf Jesus Christus und sein Wort ausgerichtet ist.

Die Hure Babylon als religiöses System, das sich vom Antichristen als »Steigbügelhalter« für den Aufstieg zur Macht gebrauchen läßt, wird von diesem schließlich schmählich verraten und vernichtet. Das ist das Gericht, das Gott für sie bestimmt hat: »Und die zehn Hörner, die du gesehen hast, und das Tier, die werden die Hure hassen und werden sie einsam machen und bloß und werden ihr Fleisch essen und werden sie mit Feuer verbrennen. Denn Gott hat es ihnen ins Herz gegeben, zu tun seinen Ratschluß und zu tun einerlei Ratschluß und zu geben ihr Reich dem Tier, bis daß vollendet werden die Worte Gottes« (Offenbarung 17, 16. 17).

Auch die Stadt mit dem Decknamen Babylon wird zerstört werden: »Freue dich über sie, Himmel und ihr Heiligen, Apostel und Propheten; denn Gott hat sie gerichtet um euretwillen! Und ein starker Engel hob einen Stein auf wie einen großen Mühlstein, warf ihn ins Meer und sprach: So wird im Sturm verworfen die große Stadt Babylon und nicht mehr gefunden werden« (Offenbarung 18, bes. 20–21).

Es ist zwar nicht maßgeblich, aber doch interessant, daß eine Prophezeiung in der Kabbala (hebr. = »Überlieferung«), die eine enge Beziehung zur jüdischen Mystik hat, aussagt, daß das katholische Babylon, das heißt Rom, vor der Ankunft des Messias untergehen soll. Von einer »ewigen Stadt« könnte man unter diesen Umständen wohl nicht mehr sprechen.

Die Strafgerichte der Endzeit

Gott ist ein Gott der Liebe. Er hat das bewiesen, indem er seinen einzigen Sohn zur Erlösung der Menschen hingegeben hat: »So sehr hat Gott die Welt geliebt, daß er seinen einziggeborenen Sohn gab, damit alle, die an ihn glauben, nicht verloren werden, sondern das ewige Leben haben« (Johannes 3, 16).

Gott hat damit einer rebellierenden, sich von ihm abwendenden Menschheit das Angebot zur Heimkehr gemacht, zur Vergebung aller Sünde und Schuld, zur Gemeinschaft mit ihm, heute und in Ewigkeit. Gott hat das getan, weil der Mensch die Kluft, die durch die Sünde zwischen ihm und Gott entstanden war, von sich aus nicht überwinden konnte.

Im Lauf der Jahrhunderte haben viele Menschen das Liebesangebot Gottes in Jesus Christus angenommen. Sie haben Vergebung ihrer Schuld und Frieden erfahren und sind neu in die Gemeinschaft mit Gott eingetreten. Ihr Leben ist geprägt vom Dank gegen Gott, dem sie ihr Leben zur Verfügung gestellt haben.

Die große Masse der Menschheit aber ist bis heute nicht bereit, sich dem Willen Gottes unterzuordnen und ihn als Herrn anzuerkennen. In der antichristlichen Zeit werden Gottlosigkeit und Auflehnung gegen Gott nach den Aussagen der Bibel sogar noch zunehmen. Man wird nicht davor zurückschrecken, selbst den Teufel als Gott zu verehren. Anfänge einer solchen Entwicklung sind bereits in unseren Tagen zu erkennen.

Gott ist ein Gott der Geduld; durch Güte und Liebe will er die Menschen zur Umkehr bringen. Wieviel Mühe macht sich Gott mit einzelnen Menschen und ganzen Völkern! Aber die meisten wollen nicht auf ihn hören. Wer aber das Angebot Gottes zur Umkehr ausschlägt, spricht sich selbst das Gericht.

Jesus Christus, der sich noch heute anbietet, jeden Menschen zu retten, wird eines Tages als Richter auftreten. Diejenigen, die sein Angebot zur Heimkehr ausgeschlagen haben, werden dann »dem Zorn des Lammes« ausgesetzt sein. Jesus selbst wird das Buch mit den sieben Siegeln öffnen, das die Strafgerichte der Endzeit enthält (Offenbarung 5). Beim Aufbrechen der Siegel kommen diese Gerichte zur vollen Auswirkung: die Gerichte der sieben Siegel, die Gerichte der sieben Posaunen, die Gerichte der sieben Zornschalen.

Die Gerichte der sieben Siegel (Offenbarung 6, 1–8, 1)

1. Siegel: (Offenbarung 6, 1–2)
Es erscheint ein Reiter auf einem weißen Pferd mit einem Bogen in der Hand. Ihm wird eine Krone gegeben, und er erringt Siege. Hier ist wohl nicht Jesus gemeint, wie oft angenommen wird; denn Christus erscheint erst am Ende der Gerichte auf einem weißen Pferd und mit dem himmlischen Heer als Gefolge (Offenbarung 19, 11 f). Auch die Verbreitung des Evangeliums kann nicht gemeint sein, da in der Endzeit vielmehr der Unglaube zunehmen wird. Vermutlich müssen wir in diesem Reiter den Antichrist sehen, der seinen Siegeszug mit Hilfe von mancherlei religiösen Bestrebungen antreten wird. Die Krone weist ihn als Herrscher der Endzeit aus.

2. Siegel: (Offenbarung 6, 3–4)
Ein Reiter auf einem feuerroten Pferd mit einem großen Schwert in der Hand nimmt den Frieden von der Erde. Die Menschen bringen sich gegenseitig um.

Die letzte Zeit wird durch Kriege, Mord und Tötung charakterisiert sein. Jesus nannte die Häufung von Kriegen als ein Kennzeichen für seine nahe Wiederkunft. Die Zeit des Antichristen wird mit dem größten aller Kriege enden, an dem alle Völker beteiligt sein werden.

3. Siegel: (Offenbarung 6, 5–6)
Ein schwarzes Pferd erscheint. Sein Reiter hält eine Waage in der Hand. Sie versinnbildlicht Hungersnot und Verteuerung. Durch Egoismus und ungerechte Verteilung der Güter, durch Mißernten, Arbeitslosigkeit und andere Faktoren ist die Ernährung der Weltbevölkerung nicht mehr gesichert. Gerade die Grundnahrungsmittel wie Weizen und Gerste werden fast unerschwinglich teuer sein. Öl und Wein weisen auf Luxus hin. Während die einen hungern, werden die Reichen und Privilegierten im Überfluß schwelgen können.

4. Siegel: (Offenbarung 6, 7–8)
Der Reiter auf dem fahlen Pferd stellt den Tod dar. In seinem Gefolge befindet sich das Totenreich. Ein Viertel der Menscheit wird durch Kriege, Hunger, Seuchen

und wilde Tiere getötet. – Wenn wir uns die heutige Aufrüstung der Großmächte vor Augen halten, kann man sich die mörderische Auswirkung, die der Einsatz solchen Kriegspotentials zur Folge haben muß, unschwer vorstellen.

5. Siegel: (Offenbarung 6, 9–11)
Johannes, dem Christus diese Offenbarung anvertraut hat, sieht die Märtyrer vor einem Altar im Himmel. Sie sind um ihres Glaubens willen ermordet worden. – Solange die Gemeinde Jesu besteht, sind Christen um ihres Glaubens willen verfolgt und getötet worden. Auch in unseren Tagen erleiden viele Menschen in kommunistischen, afrikanischen und anderen Staaten um ihres Glaubens willen den Märtyrertod.

Während der Zeit des Antichristen werden, trotz seines gottlosen Systems, viele Menschen zu Christus finden. Der Antichrist wird sie alle töten lassen. Sie werden aber nicht im Tod bleiben, sondern sofort in die Gegenwart ihres Herrn auferstehen. Während auf der Erde immer noch Christen getötet werden, empfangen sie bereits die Kleider der Gerechtigkeit.

6. Siegel: (Offenbarung 6, 12–7, 17)
Ein großes Erdbeben richtet ungeheure Verheerungen an. Die Sonne verfinstert sich, so daß sie einem schwarzen Sack vergleichbar ist, und der Mond nimmt eine blutrote Farbe an. Die Sterne stürzen auf die Erde, und das Himmelsgewölbe hört auf zu bestehen.

Jesus weist in Lukas 21, 25–26 auf diese Ereignisse hin: »Es werden Zeichen geschehen an Sonne, Mond und Sternen ... und auch der Himmel Kräfte werden sich bewegen . . .« In dieser Zeit werden die Menschen vor Angst vergehen. Sie suchen Zuflucht in den Gebirgen, um sich vor dem »Zorn des Lammes« zu verbergen.
Während sich im Himmel eine unzählbare Schar von Gläubigen versammelt, werden auf der Erde 144 000 Getreue aus Israel versiegelt. Diese Versiegelung bewahrt sie vor den Schäden und Gerichten, die über die ganze Welt kommen. Aber nicht nur diese 144 000 werden während der antichristlichen Zeit gläubig. Nach Sacharja 13, 8–9 wird sich in dieser Zeit ein Drittel der Juden bekehren.

7. Siegel: (Offenbarung 8, 1–6)
Während Jesus Christus, das Lamm Gottes, das sie-
bente Siegel öffnet, entsteht eine Stille von einer halben
Stunde. Was sie zu bedeuten hat, wird nicht angegeben.
Man gewinnt den Eindruck einer Stille vor dem großen
Sturm; denn dieses siebte Siegelgericht enthält die
schrecklichen Posaunen- und Zornschalengerichte, die
jeweils von sieben Engeln ausgelöst werden.

Die Gerichte der sieben Posaunen (Offenbarung 8, 1–11, 19)

1. Posaune: (Offenbarung 8, 7)
Hagel und Feuer fallen mit Blut vermengt auf die
Erde. Ein Drittel der Erde, des Grases und der Bäu-
me verbrennt.

Ob es sich hier um den Einsatz von Atom- und Was-
serstoffbomben oder um andere Waffen oder Mittel
von furchbarer Zerstörungskraft handelt, wissen wir
nicht. Auf jeden Fall ist der allmächtige Gott auf die
Zerstörungskünste seiner Geschöpfe nicht angewie-
sen. Als die Städte Sodom und Gomorra vernichtet
wurden, ließ Gott es durch Naturkatastrophen geschehen.

2. Posaune: (Offenbarung 8, 8–9)
Etwas, das einem großen brennenden Berg ähnelt,
fällt ins Meer. Dadurch verwandelt sich ein Drittel des
Meeres in Blut. Ein Drittel der Lebewesen im Meer
wird getötet, ein Drittel der Schiffe zerstört.

3. Posaune: (Offenbarung 8, 10–11)
Ein großer Stern, der wie eine Fackel brennt, fällt vom
Himmel auf den dritten Teil der Wasserbrunnen (oder
des Wasserreservoirs). Ein Drittel des Wassers wird
vergiftet und schmeckt bitter wie Wermut. Viele
Menschen sterben daran.

Schon bevor dieses Gericht über die Erde kommt,
werden in dieser Hinsicht katastrophale Zustände
herrschen. Die Verschmutzung und Vergiftung der
Weltmeere und Flüsse durch Abfallprodukte, Öle
und Chemikalien nimmt beängstigend zu. »Das

Meer stirbt«, sagen besorgte Wissenschaftler. Die Ozeane können die Millionen Tonnen Schmutz nicht mehr verarbeiten und sich nicht mehr selbst reinigen.

Auch das Grundwasser ist gefährdet. Mit dem Regenwasser sickern die Gifte der Pflanzenschutzmittel in die Erde ein. Auch die riesigen Müllhalden bilden eine Gefahr für das Grund- und damit für das Trinkwasser, weil auch der Müll Gifte absondert.

4. Posaune: (Offenbarung 8, 12–13)
Ein Drittel der Sonne, des Mondes und der Sterne verfinstern sich. Ein Drittel des Tageslichtes entfällt. Und vom Himmel her heißt es: »Weh denen, die auf der Erde wohnen.«

Eine Vorahnung von solchen Katastrophen liefert uns die Luftverschmutzung. Verursacht durch Rauch und Abgase entsteht oft eine Dunstglocke über einem Gebiet, die die Lichteinwirkung behindert. Dieser sog. Smog, der besonders über den Ballungszentren der Groß- und Industriestädte entsteht, ist für Alte und Herzkranke an trüben Tagen besonders gefährlich.

5. Posaune: (Offenbarung 9, 1–12)
Ein vom Himmel gefallener »Stern« (ein gefallener Engel oder Dämon) öffnet das Gefängnis der bösen Geister. Diesem entquillt ein Rauch, der die Sonne und die Luft verfinstert. Aus diesem Rauch treten Wesen wie Heuschrecken oder Skorpione hervor, die den Menschen fünf Monate lang unerträgliche Schmerzen zufügen. Nur die Gläubigen jener Zeit, die mit dem Siegel Gottes versehen sind, werden verschont. Die Geplagten werden vor Schmerzen den Tod suchen, werden aber nicht sterben können.

Diese Wesen, die ihre Umgebung so furchtbar plagen, haben einen dämonischen Anführer, der griechisch »Apollyon« genannt wird. Der Name bedeutet soviel wie Vernichter oder Verderber.

Hinter den Göttern, die von den heidnischen Völkern verehrt werden, verbergen sich nach Aussage der Bibel Dämonen: »Was die Heiden opfern, das opfern sie den Dämonen und nicht Gott . . .« (1. Korinther 10, 20).

Der griechische Gott Apollon war Herr über Gesundheit und Krankheit. »Seine Pfeile brachten den Tod«, schreibt Homer in seiner »Ilias«. In der letzten Zeit werden die Menschen, die mit ihrem Unglauben dem Teufel und den Dämonen (bewußt oder unbewußt) gedient haben, von diesen geplagt werden.

6. Posaune: (Offenbarung 9, 13–11, 14)
Vier Engel am Fluß Euphrat werden von Gott losgelassen; sie töten den dritten Teil der Menschheit. Ein Heer von 200 Millionen ist auf Pferden unterwegs. Diese Tiere werden als schrecklich aussehende Wesen beschrieben. Manche Bibelausleger vertreten die Auffassung, daß damit auch Panzer, Raketen oder ähnliche Waffen gemeint sein könnten. Aber die von ihnen geplagten Menschen tun nicht Buße. Einige der Sünden werden aufgezählt: Mord, Zauberei (Aberglaube und okkulte Praktiken), Unzucht, Diebstahl, Anbetung von bösen Geistern und Verehrung metallener, steinerner und hölzerner Götter.

Dann sieht Johannes, wie der Tempel in Jerusalem vermessen wird. Die zwei Zeugen Gottes predigen 1260 Tage (= dreieinhalb Jahre) und vollbringen dabei Wunderzeichen, durch die die Nichtglaubenden gestraft werden. Der Antichrist läßt die zwei Zeugen töten, aber nach dreieinhalb Tagen stehen sie von den Toten auf und werden vor den Augen der Öffentlichkeit entrückt.

Durch ein großes Erdbeben stürzt der zehnte Teil der Stadt ein. Dabei kommen 7000 Menschen um. Viele erschrecken und wenden sich Gott zu.

7. Posaune: (Offenbarung 11, 15–14, 19)
Jesus Christus wird im Himmel als Herrscher und König ausgerufen. Die Gnadenfrist, die die letzten Plagen und Gerichte verzögert hat, ist abgelaufen: »... daß hinfort keine Zeit (Gnadenfrist) mehr sein soll, sondern in den Tagen der Stimme des siebenten Engels, wenn er posaunen wird, dann ist vollendet das Geheimnis Gottes« (Offenbarung 10, 6–7).

Im Himmel wird der Tempel Gottes geöffnet, so daß die Bundeslade zu sehen ist (Offenbarung 11, 19; 15, 5). Der Tempel und die Bundeslade versinnbildlichen das Gesetz Gottes im Alten Testament (im Alten Bund). Die Menschen, die das Gnadenangebot Gottes in Jesus Christus (im Neuen Bund) nicht angenommen haben, werden nun der ganzen Härte des Gesetzes ausgeliefert. Gott ist gerecht und heilig; er muß unvergebene Sünde und Schuld bestrafen. Vor dem Gericht seines Zorns kann allein Jesus Christus erretten, der dieses Gericht, das jeder Mensch verdient hat, für jeden, der ihm vertraut, stellvertretend auf sich genommen hat.

Satan, der bisher als Verkläger der Glaubenden zum Himmel Zutritt hatte, wird nun durch den Erzengel Michael für immer von dort verstoßen (Offenbarung 12, 7–12). In seinem Haß verfolgt er das »Weib in der Sonne«, unter dessen Füßen der Mond zu sehen ist und das eine Krone mit zwölf Sternen auf dem Kopf trägt (Offenbarung 12, 13–17).

Mit diesem Weib kann nicht Maria mit dem Jesuskind gemeint sein, da sie ja nicht in der Endzeit vom Teufel verfolgt wird. Wahrscheinlich haben wir unter diesem »Weib« Israel zu verstehen (Hosea 2, 21–22 und andere Stellen). Auch der Traum Josephs deutet darauf hin (1. Mose 37, 9). Von Israel aus wurde das Evangelium der ganzen Welt bekanntgemacht. Jesus selbst sagt, daß das Heil von den Juden kommt (Johannes 4, 22), und auch er war ein Jude.

Im Lauf der Jahrhunderte sind Menschen aus allen Völkern zum Glauben an Jesus Christus gekommen. Gemeinde Jesu entstand immer wieder unter Geburtswehen und war zu allen Zeiten den unterschiedlichsten Angriffen des Teufels ausgesetzt. Die Gemeinde, »der Sohn der Weibes«, wird aus der Welt genommen und darf mit Jesus Christus herrschen. Das Weib selbst, Israel, muß für dreieinhalb Jahre an einen von Gott angewiesenen Bergungsort fliehen, um vor der Verfolgung durch den Teufel sicher zu sein, weil es erst in den letzten Tagen Jesus erkennen und an ihn glauben wird. In dieser Zeit verfolgt Satan die übrigen Glaubenden und ihre Nachkommen.

Im Gericht der siebenten Posaune wird auch die Wirksamkeit des Antichristen und seines falschen Propheten beschrieben. Durch einen Engel ergeht ein letzter Bußruf an die Menschen. Schließlich wird die Erde durch Jesus Christus »geerntet«. Während dieser Gerichtszeit reicht das Blut der Getöteten bis an die Zäume der Pferde.

Die Gerichte der sieben Zornschalen (Offenbarung 15, 1–18, 24)

Die letzten sieben Plagen sind sieben Engeln anvertraut, diese halten sie in sieben goldenen Schalen. Darin befindet sich der Zorn Gottes, der noch über die Erde ausgegossen werden muß. Gleichzeitig singt eine Gruppe von Christen, die überwunden hat und aus der großen Trübsal kommt, am kristallenen Meer im Himmel Lieder zur Ehre Gottes.

1. Schale: (Offenbarung 16, 2)
Die Menschen, die das Malzeichen des Antichristen tragen und sein Bild angebetet haben, werden von schmerzhaften Geschwüren geplagt.

2. Schale: (Offenbarung 16, 3)
Wurde beim Posaunengericht nur ein Drittel des Meeres verdorben, so wird es jetzt völlig zerstört. Es gleicht dem Blut eines verwesenden Menschen; alles Leben im Meer geht zugrunde.

3. Schale: (Offenbarung 16, 4–7)
Auch das Fluß- und Brunnenwasser wird zu Blut, so daß es nicht mehr genießbar ist. Der Grund für diese Strafe ist darin zu sehen, daß man das Blut der Glaubenden vergossen hat.

4. Schale: (Offenbarung 16, 8–9)
Hat sich beim vierten Posaunengericht die Erde verfinstert, so geschieht jetzt das Gegenteil. Die Menschen werden von den Strahlen der Sonne versengt. Vielleicht ist die Ozonschicht der Atmosphäre, die vor ultravioletten Strahlen schützt, zerstört. Aber die Menschen tun dennoch nicht Buße; sie lästern vielmehr den Namen Gottes.

5. Schale: (Offenbarung 16, 10–11)
Diese Schale wird über den Thron des Antichristen ausgegossen, dessen Reich dadurch verfinstert wird. Die Menschen zerbeißen sich die Zungen vor Schmerz, aber sie wenden sich dennoch nicht Gott zu. Sie haben sich bewußt gegen Gott entschieden und sind deshalb reif für das Gericht.

6. Schale: (Offenbarung 16, 12–16)
Der Euphrat trocknet aus, wie es schon von Jesaja vorausgesagt wurde: ». . . der Herr wird . . . seine Hand gehen lassen über den Euphrat mit seinem starken Wind und ihn in sieben Bäche zerschlagen, so daß man mit Schuhen hindurchgehen kann« (Jesaja 11, 15). Jetzt durchqueren die Herrscher des Ostens den Fluß auf dem Weg nach Israel. Der Antichrist hat durch seine Dämonen alle Völker zum Krieg in diesem Land herausgefordert. Es kommt zur Schlacht von Harmagedon.

7. Schale: (Offenbarung 16, 17–18, 24)
Diese Zornschale wird im Luftbereich ausgegossen, wo Satan und die Dämonen ihren Sitz haben (Epheser 6, 12). Städte, die durch ihre Gottlosigkeit das Gericht Gottes herausgefordert haben, werden zerstört. Auch über die Hure Babylon bricht das Verderben herein. Die Stadt mit dem Decknamen Babylon wird zerstört, und das religiöse System, das mit der Welt »hurte«, wird vernichtet.

Nach diesen Strafgerichten der letzten Zeit erscheint Jesus Christus als Sieger über Satan, den Antichristen und alle gottlosen Menschen (Offenbarung 19). Damit beginnt das Tausendjährige Reich unter seiner Herrschaft.

Der Krieg der Völker um Israel

Innerhalb von drei Jahrtausenden wurde das Wohngebiet Israels 14mal von Eroberern und anschließend von Wiedereroberern überrannt. Dabei wurde Jerusalem 17mal zerstört. Die letzten großen Kriege der Weltgeschichte werden wieder um dieses Volk und in diesem Land geführt werden. Die ganze Welt wird daran beteiligt sein.

Seit der Staatsgründung 1948 hat es für Israel niemals richtigen Frieden gegeben. Die arabischen Nachbarstaaten haben sich stets geweigert, die Existenz eines jüdischen Staates anzuerkennen und Israel innerhalb der letzten 30 Jahre immer wieder zu kriegerischen Auseinandersetzungen gezwungen.

Der Unabhängigkeitskrieg

Als die Engländer am 15. Mai 1948, dem Tag der Staatsgründung Israels, das Land verließen, griffen Ägypten, Jordanien, der Libanon, Syrien, der Irak und Saudi-Arabien den jungen Staat sofort an. Immer wieder wurde dabei der Ruf laut: »Werft die Juden ins Meer!« Als der Krieg nach sieben Monaten beendet wurde, hatte Jordanien Teile Judäas, Samarias und die Altstadt von Jerusalem hinzugewonnen. Ägypten besetzte den Gazastreifen. In den Grenzgebieten Israels machten Guerillatruppen den Juden zu schaffen. Der Suezkanal und der Golf von Akaba wurden von Ägypten für die israelische Schiffahrt gesperrt.

Der Sinai-Krieg

Um sich aus dieser Umklammerung zu befreien, besetzten israelische Truppen in der Zeit vom 20. Oktober bis 5. November 1956 die gesamte Sinaihalbinsel und hoben die gegen sie gerichtete Blockade auf. Als UNO-Truppen die Grenzsicherung übernahmen, zogen sich die Israelis auf ihre Ausgangspositionen zurück. Doch die Hetze und die bewaffneten Übergriffe gegen Israel gingen weiter. Am 25. Mai 1965 veröffentlichte der damalige ägyptische Staatspräsident Nasser in Verbindung mit dem irakischen Ministerpräsidenten Aref eine Erklärung, in der es u. a. hieß: »Das arabische Nationalziel ist die Ausrottung Israels.«

Der Sechs-Tage-Krieg

Als Ägypten den Großteil seiner Armee im Sinaigebiet zu konzentrieren begann, die UNO-Truppen sich auf Verlangen Nassers zurückzogen und die arabischen Staaten unter Führung Ägyptens einen Kriegspakt gegen Israel schlossen, wurde Israel erneut zum Handeln gezwungen. In einem Blitzkrieg vom 5. bis 11. Juni 1967 besetzten israelische Truppen den Sinai, Judäa, Samaria und Teile der Golanhöhen. Auch die Altstadt Jerusalems wurde eingenommen. Doch zu einem Frieden kam es nicht. Besonders von 1968 bis 1970 führten Ägypten, Jordanien, Syrien und der Libanon immer wieder militärische Aktionen gegen Israel durch. Dabei trat die palästinensische Befreiungsorganisation PLO besonders hervor.

Der Yom-Kippur-Krieg

Am 6. Oktober 1973, dem Tag des Yom-Kippur-Festes, unternahmen Ägypten und Syrien einen Überraschungsangriff. Israel war darauf nicht genügend vorbereitet, da das Leben völlig im Zeichen des Versöhnungstages stand. An diesem Tag gibt es in Israel keine Zeitungen, kein Fernsehen, keine Rundfunksendungen, und die öffentlichen Verkehrsmittel stehen still. Schulen, Geschäfte, Restaurants und Büros sind für 24 Stunden geschlossen. Diese Situation machten sich die Araber zunutze. Massierte ägyptische Panzerverbände stießen über den Suezkanal auf die von Israel besetzte Sinaihalbinsel vor. Gleichzeitig griffen die Syrer, unterstützt von irakischen, marokkanischen und anderen arabischen Truppen, auf den Golanhöhen an.

Nach wenigen Tagen konnte die arabische Offensive zum Stehen gebracht werden. Im Gegenangriff drangen israelische Truppen bis 35 km vor Damaskus vor. An der ägyptischen Front überquerten sie den Suezkanal und näherten sich Kairo bis auf 100 km. Als sich die militärische Situation zugunsten Israels wendete, wurde durch einen UN-Beschluß die Feuereinstellung gefordert. Der Kampf hielt weitere 36 Stunden an, da Ägypten der UN-Aufforderung nicht eher nachkam. Die Sowjetunion drohte mit militärischer Intervention. Ein offener Konflikt zwischen den Supermächten konnte jedoch verhindert werden.

Nach einer Reihe zwischenzeitlicher Vereinbarungen wurde von Israelis und Arabern ein Waffenstillstandsabkommen unterzeichnet.

Es enthielt die Bedingung, daß sich die israelischen Truppen bis etwa 30 km östlich des Suezkanals zurückzuziehen hatten. Die Überwachung der neuen Waffenstillstandslinien zwischen Israel und Ägypten sowie Israel und Syrien wurde von UN-Soldaten übernommen.

Doch wie lange wird diese mühsam zustande gekommene Waffenruhe anhalten? Nach den Aussagen der Bibel wird es für Israel noch keinen Frieden geben. Erst muß sich erfüllen, was die Propheten für die »letzte Zeit« vorausgesagt haben: der Krieg der Völker um Israel.

Gog aus Magog

Hesekiel berichtet ausführlich über einen Feind, der – von Israel aus gesehen – aus dem äußersten Norden kommend in Israel eindringen wird (Hesekiel 38 u. 39). Genannt wird ein Fürst »Gog«, der über Rosch, Mesech und Tubal im Lande Magog herrscht (Hesekiel 38, 2 u. 39, 1). Offensichtlich ist damit Rußland gemeint. Magog, Mesech und Tubal waren Nachkommen Japhets. Sie werden in alten Schriften als Völker am Schwarzen Meer erwähnt. Man nimmt an, daß die Namen der Städte Moskau und Tobolsk davon herzuleiten sind. Die geographischen Hinweise der Bibel lassen ebenfalls auf Rußland schließen: ». . . und wirst kommen aus deinem Ort vom äußersten Norden, du und viele Völker mit dir . . . Siehe, ich will dich herumlenken und herbeilocken aus dem äußersten Norden« (Hesekiel 38, 15 u. 39, 2).

Im Jahr 1956 schrieb Winston Churchill an den amerikanischen Präsidenten Eisenhower: »Der Fortbestand der Werte, an die wir glauben, ist in Frage gestellt, wenn wir der Sowjetunion nicht wirksam entgegentreten. Wir müssen gemeinsam handeln, denn sonst fallen der Nahe Osten und die Küste Nordafrikas in ihre Hände, und Westeuropa ist ihr auf Gnade und Ungnade ausgeliefert.«

Hesekiel sagt auch den Kriegszug Gogs aus Magog gegen Israel voraus: »Am Ende der Zeiten sollst du in ein Land kommen, das dem Schwert entrissen ist und zu dem Volk, das aus vielen Völkern gesammelt ist, nämlich auf die Berge Israels, die lange Zeit verwüstet gewesen sind. Nun ist es herausgeführt aus den Völkern, und sie alle wohnen sicher . . . du wirst heraufziehen gegen mein Volk Israel wie eine Wolke, die das Land bedeckt. Am Ende der Zeit wird das geschehen« (Hesekiel 38, 8. 16).
Auch der Grund für diesen Kriegszug wird genannt: »Zu jener Zeit

werden dir [so spricht der Herr], Gedanken kommen, und du wirst auf Böses sinnen und denken: ›Ich will das Land überfallen, das offen daliegt, und über sie kommen, die still und sicher leben, die alle ohne Mauern dasitzen und haben weder Riegel noch Tore‹, damit du rauben und plündern kannst und deine Hand an die zerstörten Orte legst, die wieder bewohnt sind, und an das Volk, das aus den Heiden gesammelt ist und sich Vieh und Güter erworben hat und in der Mitte der Erde wohnt« (Hesekiel 38, 10–12).

Die Verbündeten Gogs werden mit diesem nach Israel ziehen. Hesekiel führt sogar ihre Namen auf: »Du führst mit dir Perser, Kuschiter und Lybier, die alle Schild und Helm tragen, dazu Gomer und sein ganzes Heer, die vom Hause Togarma, die im Norden wohnen, mit ihrem ganzen Heer; ja, du führst viele Völker mit dir ... Du wirst heraufziehen und daherkommen wie ein Sturmwetter und wirst sein wie eine Wolke, die das Land bedeckt, du und dein ganzes Heer und die vielen Völker mit dir« (Hes. 38, 5–9).

Persien wird heute »Iran« genannt. Zwar ist der Schah bis jetzt pro-westlich eingestellt, doch läßt sich in diesem Land eine politische Veränderung nicht ausschließen*. Zu den Kuschitern gehören die Staaten südlich von Ägypten, wahrscheinlich Äthiopien und der Sudan, das frühere Nubien. Lybien, zu dem damals auch die Gebiete von Marokko, Tunesien und Algerien gerechnet wurden, wird ebenfalls zum Gefolge Gogs gehören. Gomer hatte sich, nach archäologischen Ermittlungen, zunächst nördlich des Schwarzen Meeres angesiedelt und sich dann westwärts über das heutige Europa ausgebreitet. Manche meinen, daß unter dem Begriff Gomer die heutige DDR zu verstehen sei. Togarma, das von Israel aus gesehen ebenfalls im Norden liegt, dürfte ein Staat in der Nähe des Schwarzen Meeres sein. Interessant ist, daß die meisten der aufgezählten Völker heute kommunistisch sind und unter starkem Einfluß der Sowjetunion stehen.

Gog und seine Verbündeten werden in Israel jedoch eine böse Überraschung erleben. Sie, die Israel zerstören wollen, werden im Land von Gott selbst geschlagen und furchtbar gerichtet werden. Mit einemmal werden sie erkennen müssen, daß Gott existiert, daß er für Israel kämpft und dabei seinen Namen vor aller Welt verherrlicht. So sagt es Hesekiel voraus: »Siehe, ich will dich herumlenken und dir einen Haken ins Maul legen und will dich ausziehen lassen mit deinem ganzen Heer ... Ich will dich aber dazu über mein Land

---

* Inzwischen ist der Schah vertrieben worden und Persien steht Israel feindlich gegenüber.

kommen lassen, daß die Nationen mich erkennen, wenn ich an dir, Gog, vor ihren Augen zeige, daß ich heilig bin« (Hesekiel 38, 4. 16).

Um Gog zu strafen, wird Gott es so einrichten, daß die Gegner Israels sich gegenseitig vernichten. Aber auch Naturkatastrophen und Seuchen werden dabei eine Rolle spielen: »Wahrlich, zu der Zeit wird ein großes Erdbeben sein im Lande Israel ... Und ich will über ihn das Schwert herbeirufen auf allen meinen Bergen, spricht Gott, der Herr, daß jeder sein Schwert gegen den anderen erhebt. Und ich will ihn richten mit Pest und Blutvergießen und will Platzregen und Hagel, Feuer und Schwefel über ihn und sein Heer und die vielen Völker kommen lassen, die mit ihm sind« (Hesekiel 38, 19–22). Gog wird das Gericht Gottes ohnmächtig über sich ergehen lassen müssen: »... und will dir den Bogen aus deiner linken Hand schlagen und die Pfeile aus deiner rechten Hand. Auf den Bergen Israels sollst du fallen, du mit deinem ganzen Heer und mit den Völkern, die bei dir sind. Ich will dich den Raubvögeln, allem was fliegt, und den Tieren auf dem Felde zum Fraß geben. Du sollst auf freiem Felde fallen; denn ich habe es gesagt, spricht Gott, der Herr. Und ich will Feuer werfen auf Magog und die Bewohner der Inseln« (Hesekiel 39, 3–6).

So wird Israel erfahren, daß es unter dem Schutz Gottes steht. »Dann wird der Herr um sein Land eifern und sein Volk verschonen ... Und ich will den Feind aus dem Norden von euch wegtreiben und ihn in ein dürres und wüstes Land verstoßen . . .« (Joel 2, 18. 20).

Nachdem Gott Gog und dessen Verbündete geschlagen hat, wird Israel reiche Kriegsbeute zufallen. Allein das Holz der erbeuteten Waffen besitzt großen Wert; denn Israel kann sieben Jahre damit heizen: »Und die Bürger in den Städten Israels werden herausgehen und Feuer anzünden und die Waffen verbrennen, kleine und große Schilde, Bogen und Pfeile, Keulen und Spieße. Und sie werden sieben Jahre damit Feuer machen; sie brauchen kein Holz auf dem Felde zu holen oder im Wald zu schlagen, sondern von den Waffen werden sie Feuer machen und werden die berauben, von denen sie beraubt sind« (Hesekiel 39, 9–10).

Gog und seine Verbündeten werden so viele Tote in Israel zurücklassen, daß man sieben Monate benötigen wird, um die Leichen zu bestatten. Man wird eine riesige Kriegsgräberstätte mit Namen Hamona (= Haufenstadt) errichten: »Und zu der Zeit soll es geschehen, da will ich Gog einen Ort geben zum Begräbnis in Israel, nämlich das Tal der Wanderer östlich vom Meer, und das wird den

Wanderern den Weg versperren. Dort wird man Gog mit seinem ganzen Heerhaufen begraben; und es soll heißen Tal der Heerhaufen des Gog. Und das Haus Israel wird sie sieben Monate lang begraben, damit das Land gereinigt werde« (Hesekiel 39, 11–20).

Hesekiel weist ausdrücklich darauf hin, daß dieser Kriegszug Gogs in der »letzten Zeit« stattfinden wird: ». . . am Ende der Zeiten sollst du in ein Land kommen« (Hesekiel 39, 8). Das setzt voraus, daß Israel, wenn dies geschieht, aus der Zerstreuung zurückgekehrt ist.

Nach diesen Kriegsereignissen wird Israel ein Volk sein, das an Gott glaubt: »Und ich will mein Angesicht nicht mehr vor ihnen verbergen; denn ich habe meinen Geist über das Haus Israel ausgegossen, spricht der Herr« (Hesekiel 39, 29).

Nach Hesekiel 38 und 39 unternimmt Gog seinen Angriff gegen Israel vor dem Tausendjährigen Reich. Nach Ablauf der tausend Jahre, wenn der Teufel noch einmal für eine kleine Zeit losgelassen wird, tritt Gog dann noch einmal als Verkörperung der gottlosen Weltmacht auf. Der Teufel wird die Völker noch einmal gegen Jerusalem aufhetzen, aber nun besiegt Gott Satan endgültig und gibt ihn der ewigen Verdammnis preis (Offenbarung 20, 7–10).

Krieg mit allen Völkern

Schon heute wächst bei vielen Völkern der Haß gegen die Juden und gegen den Staat Israel. Das zeigt sich besonders bei UN-Konferenzen, bei denen oft mit zweierlei Maß gemessen wird. Israel wird als Aggressor verurteilt, während andere Staaten und Staatengruppen, die vor politischem Mord nicht zurückschrecken, ganze Völker unterjochen und deren Land annektieren, als Verfechter der Freiheit bejubelt werden. Besonders arabische und afrikanische Staaten und vom Kommunismus beherrschte Länder machen aus ihrer Feindschaft gegen Israel keinen Hehl. Diejenigen Staaten des Westens, die noch für die Existenz Israels eintreten, haben zu derartigen Ungerechtigkeiten oft geschwiegen.

Die Gegner Israels setzen den Zionismus mit Rassismus gleich und heben das immer wieder hervor. Der Zionismus ist jedoch nichts anderes als eine Freiheitsbewegung des jüdischen Volkes in der Neuzeit. Fairerweise müßte man ihn viel eher mit den afrikanischen Befreiungsbewegungen vergleichen. Der Zionismus stört jedoch Araber wie Kommunisten, weil er für die Existenz des Staates Israel eintritt. Seine Wurzeln liegen aber nicht in der Mißachtung der Menschenrechte, sondern in der biblischen Tradition.

In der 16 Seiten umfassenden Lima-Erklärung vom 30. August 1975, die die sog. »blockfreien« arabischen und kommunistischen Staaten gegen Israel verfaßten, heißt es:

1. Wir erklären und erneuern unsere totale, aktive Hilfe für den gerechten Kampf gegen Israel. (Das kann als Freibrief für Terroristen ausgelegt werden.)

2. Wir verurteilen die israelische Aggression. (Seit etwa 30 Jahren kündigen arabische Sprecher die Liquidierung Israels an; zuletzt PLO-Chef Arafat in Rabat und anschließend, schwerbewaffnet, vom Pult der UN-Vollversammlung aus.)

3. Israel ist das Hindernis für einen Frieden in Nahost. (Damit wird konsequenter Weise die Beseitigung, d. h. Vernichtung dieses Hindernisses gefordert.)

4. Israel verletzt laufend Menschenrechte durch Angriffe auf Flüchtlingslager. (Diese Lager wurden eine ganze Generation lang künstlich erhalten, um ein Potential an fanatischen Hassern heranzubilden. Das Ergebnis sind zum Teil die heutigen Terroristen, deren Kommandostellen und Waffenlager in Flüchtlingscamps untergebracht sind.)

5. Alle Staaten, die Israel unterstützen, fördern den Rassismus, weil Zionismus eine Form von Rassenhaß ist. (Die Bundesregierung bemüht sich erklärter Maßen um eine ausgewogen freundliche Politik gegenüber Israel; sie ist hier konkret zu einer Antwort herausgefordert.)

6. Wir, die Staaten der Dritten Welt, werden jede nur mögliche Form von Hilfe denen geben, die Israel bekämpfen. Wir kämpfen gegen Imperialismus, Kolonialismus, Zionismus, Apartheid. (Hier werden Formulierungen der kommunistischen Partei der UdSSR nahezu wörtlich übernommen.)[12]

Dieser Haß der Völker, der schließlich zu kriegerischen Aktionen gegen Israel führen wird, wurde von den Propheten vorausgesagt: »Siehe, ich will Jerusalem zum Taumelbecher zurichten für alle Völker ringsumher, und auch Juda wird's gelten, wenn Jerusalem belagert wird. Zur selben Zeit will ich Jerusalem machen zum Laststein für alle Völker. Alle, die ihn wegheben wollen, sollen sich daran wundreißen; denn es werden sich alle Völker auf Erden gegen

Jerusalem versammeln« (Sacharja 12, 2–3). – »Ich werde alle Nationen sammeln zum Kampf gegen Jerusalem. Und die Stadt wird erobert, die Häuser werden geplündert und die Frauen werden geschändet werden. Und die Hälfte der Stadt wird gefangen weggeführt werden, aber das übrige Volk wird nicht auf der Stadt ausgerottet werden« (Sacharja 14, 1–2).

Immer wieder kündigt die Bibel an, daß sich alle Völker gegen Jerusalem wenden werden. Bei diesem Ansturm eines weit überlegenen Gegners hätte Israel keine Überlebenschance. Doch wie so oft in der Geschichte dieses Volkes wird Gott selbst eingreifen. Der Messias, Jesus Christus, wird kommen, um die anstürmenden Völker zu besiegen und Israel zu retten. Bei seiner Ankunft werden seine Füße auf dem Ölberg vor Jerusalem stehen, und dieser wird sich spalten: »Und der Herr wird ausziehen und kämpfen gegen diese Nationen, wie er zu kämpfen pflegt am Tage der Schlacht. Und seine Füße werden stehen zu der Zeit auf dem Ölberg, der vor Jerusalem liegt nach Osten hin. Und der Ölberg wird sich in der Mitte spalten, vom Osten bis zum Westen« (Sacharja 14, 3–5). Weiter sagt der gleiche Prophet: »Zu der Zeit, spricht der Herr, will ich alle Rosse scheu und ihre Reiter irremachen, aber über das Haus Juda will ich meine Augen offenhalten und alle Rösser der Völker mit Blindheit plagen ... Zu der Zeit wird der Herr die Bürger Jerusalems beschirmen ... Und zu der Zeit werde ich darauf bedacht sein, alle Nationen zu vertilgen, die gegen Jerusalem gezogen sind« (Sacharja 12, 4–9).

Gott wird ein furchtbares Gericht über die Angreifer hereinbrechen lassen. Das Blut der Getöteten wird bis an die Zäume der Pferde reichen: »Und die Kelter ward draußen vor der Stadt getreten, und das Blut der Kelter ging bis an die Zäume der Pferde« (Offenbarung 14, 20). Andere Angreifer werden bei lebendigem Leib verwesen: »Und dies wird die Plage sein, mit der der Herr alle Völker schlagen wird, die gegen Jerusalem in den Kampf gezogen sind: Ihr Fleisch wird verwesen, während sie noch auf ihren Füßen stehen, und ihre Augen werden in ihren Höhlen verwesen und ihre Zungen im Mund« (Sacharja 14, 12).

Auch der Prophet Joel spricht davon, daß die Völker sich gegen Jerusalem wenden werden, wenn Israel aus der Zerstreuung zurückgekehrt ist. Gott aber wird sie im Tal Josaphat richten. (Das Tal Josaphat ist das Kidrontal, das zwischen Jerusalem und dem Ölberg liegt.) Als Grund für das Gericht wird angegeben, daß die Völker Israel in der Zerstreuung ungerecht behandelt, verfolgt und getötet haben: »Denn siehe, in jenen Tagen und zur selben Zeit, da ich das

Geschick Judas und Jerusalems wenden werde, will ich alle Heiden zusammenbringen und will sie ins Tal Josaphat hinabführen und will dort mit ihnen rechten wegen meines Volks und wegen meines Erbteils Israel, weil sie es unter die Nationen zerstreut und sich in mein Land geteilt haben; sie haben das Los um mein Volk geworfen und haben Knaben für eine Hure hingegeben und Mädchen für Wein verkauft und vertrunken ... Die Nationen sollen sich aufmachen und herkommen zum Tal Josaphat; denn dort will ich sitzen und richten alle Völker ringsum ... es werden Scharen über Scharen von Menschen sein im Tal der Entscheidung« (Joel 4, 1–14).

Der Textzusammenhang der verschiedenen Bibelstellen deutet darauf hin, daß der Krieg der Völker gegen Israel vor der sichtbaren Wiederkunft Jesu Christi stattfinden wird. Dieser Krieg führt zugleich zur Bekehrung Israels; danach werden sie an den gekreuzigten und auferstandenen Jesus Christus glauben: »Aber über das Haus David und über die Bürger Jerusalems will ich ausgießen den Geist der Gnade und des Gebets. Und sie werden mich ansehen, den sie durchbohrt haben, sie werden um ihn klagen, wie man klagt um ein einziges Kind, und werden sich um ihn betrüben, wie man sich betrübt um den Erstgeborenen« (Sacharja 12, 10).

Die Schlacht von Harmagedon

In Offenbarung 16, 12–16 werden besonders die »Könige vom Aufgang der Sonne« erwähnt, die, durch den Antichristen aufgewiegelt, gegen Israel zu Felde ziehen: »Und der sechste Engel goß aus seine Schale auf den großen Wasserstrom Euphrat; und sein Wasser vertrocknete, damit bereitet würde der Weg den Königen vom Aufgang der Sonne« (Offenbarung 16, 12).

Man kann annehmen, daß damit die volkreichen asiatischen Staaten China, Indien und Japan gemeint sind. Nach heutigen Berechnungen wird das jetzt 800 Millionen zählende chinesische Volk im Jahr 2000 allein 260 Millionen wehrfähige Männer aufbieten können.[13] An dem Kriegszug gegen Israel wird vermutlich ein Massenaufgebot von Soldaten aus dem Fernen Osten beteiligt sein; sie werden dabei durch den Euphrat ziehen, der vorher ausgetrocknet ist. Gott selbst ebnet ihnen den Weg, denn ihr Marsch gegen Jerusalem entspricht Gottes Plan vom Ablauf der Geschichte.

Nach den Angaben in Offenbarung 9, 14–16 werden 200 Millionen Soldaten unterwegs sein: »Eine Stimme sprach zu dem sechsten Engel, der die Posaune hatte: ›Löse die vier Engel, die gebunden sind an dem großen Wasserstrom Euphrat.‹ Und es wurden die vier Engel los, die bereit waren auf die Stunde und auf den Tag und auf den Monat und auf das Jahr, daß sie töteten den dritten Teil der Menschen. Und die Zahl des reitenden Volkes war vieltausendmal tausend; ich hörte ihre Zahl.« Die Lutherübersetzung gibt lediglich eine unbestimmte Zahl an. Im Griechischen ist von zwei mal einer Myriade mal eine Myriade die Rede. Eine Myriade umfaßt als Mindestzahl 10 000. Demnach würde die Rechnung lauten: $2 \times 10\,000 \times 10\,000 = 200\,000\,000$. Diese Zahl von Soldaten könnte bereits heute China allein aufbringen.

Gemeinsam mit den östlichen Völkern wird die gesamte Welt von der »satanischen Dreieinigkeit« zum Krieg aufgehetzt: »Und ich sah aus dem Munde des Drachen (des Teufels) und aus dem Munde des Tieres (des Antichristen) und aus dem Munde des falschen Propheten drei unreine Geister gehen gleich den Fröschen; diese sind Teufelsgeister, die tun Zeichen und gehen aus zu den Königen der ganzen Welt, sie zu versammeln zum Streit auf jenen Tag Gottes, des Allmächtigen« (Offenbarung 16, 13–14).

Die große Entscheidungsschlacht wird schließlich bei Harmagedon (deutsch: Berg von Megiddo) stattfinden: »Und er hat sie versammelt an einen Ort, der da heißt auf hebräisch Harmagedon« (Offenbarung 16, 16). Dieser Berg liegt in der Jesreel-Ebene, die heute als die Kornkammer des Staates Israel gilt. Die Ebene liegt etwa zwischen dem Jordan unterhalb des Sees Genezareth und dem Karmelgebirge. Schon vor Jahrtausenden haben hier große Schlachten stattgefunden.

Der Antichrist, der an diesem Ort die Heere aller Völker vereinigt, wird hier zusammen mit diesen von Jesus Christus besiegt werden, der mit seinen Heerscharen vom Himmel her erscheint: »Und ich sah den Himmel aufgetan; und siehe, ein weißes Pferd, und der darauf saß, hieß: Treu und wahrhaftig, und richtet und streitet mit Gerechtigkeit. Seine Augen sind eine Feuerflamme und auf seinem Haupt viele Kronen; und er trug einen Namen geschrieben, den niemand wußte als er selbst. Und er war angetan mit einem Kleide, das mit Blut besprengt war, und sein Name heißt: Das Wort Gottes. Und ihm folgte nach das Heer im Himmel auf weißen Pferden, angetan mit weißer, reiner Leinwand. Und aus seinem Munde ging ein scharfes Schwert, daß er damit die Völker schlüge; und er wird sie regieren mit eisernem Stabe; und er tritt die Kelter voll vom Wein des grimmigen Zornes Gottes, des Allmächtigen; und trägt einen

Namen geschrieben auf seinem Kleid und auf seiner Hüfte: König aller Könige und Herr aller Herren« (Offenbarung 19, 11–16).

So wie bereits die Propheten des Alten Testaments die große Niederlage der Völker geschildert haben, wird sie auch im Neuen Testament beschrieben: »Und ich sah einen Engel in der Sonne stehen, und er rief mit großer Stimme und sprach zu allen Vögeln, die unter dem Himmel fliegen: Kommt, versammelt euch zu dem großen Mahl Gottes, daß ihr esset das Fleisch der Könige und der Hauptleute und das Fleisch der Starken und der Pferde und derer, die darauf sitzen, und das Fleisch aller Freien und Knechte, der Kleinen und der Großen« (Offenbarung 19, 17–18).

Auch der Antichrist und der falsche Prophet, die über Israel und die Völker eine furchtbare Schreckensherrschaft ausgeübt haben, werden von Christus besiegt und der Verdammnis preisgegeben: »Und das Tier ward gegriffen und mit ihm der falsche Prophet, der die Zeichen tat vor ihm, durch welche er verführte, die das Malzeichen des Tieres nahmen und die das Bild des Tieres anbeteten. Lebendig wurden diese beiden in den feurigen Pfuhl geworfen, der mit Schwefel brannte« (Offenbarung 19, 20).

Mit dieser Schlacht endet nicht nur der große Krieg, sondern zugleich die große Trübsal. Die Herrschaft Jesu Christi im Tausendjährigen Reich beginnt.

Die Wiederkunft Jesu Christi

»Siehe, ich komme bald«, kündigt der erhöhte Christus an (Offenbarung 3, 11). Die Aussagen über seine Wiederkunft nehmen in der Bibel einen breiten Raum ein. Allein das Neue Testament berichtet darüber an über 300 Stellen.

Obwohl die Wiederkunft Jesu Christi zu den wichtigsten Themen der Bibel gehört, wird in den christlichen Gemeinden vergleichsweise wenig darüber gesprochen. Oft fällt dies ganz unter den Tisch. Das mag einmal daran liegen, daß manche Theologen nicht an dieses Ereignis glauben oder es in weiter Ferne wähnen. Auf der anderen Seite haben Irrlehrer, Sektierer und »Spezialisten« dieses Ereignis für sich »vereinnahmt«. Sie haben es auf schwärmerische Weise umgedeutet, unbiblische Spekulationen daran geknüpft und sind damit hausieren gegangen. Dieser Gefahr wollte man in den Gemeinden nicht erliegen. Die Folge ist, daß viele Menschen, die in die Fänge solcher Gruppen geraten sind, nie ein helfendes und erklärendes Wort über die »Letzten Dinge«, von denen die Bibel spricht, gehört haben. Es ist etwas Wahres an dem Wort: »Die Sekten sind die unbezahlten Rechnungen der Kirche.«

Wer die Bibel als Gottes Wort ernst nimmt, der muß sich mit der gesamten Heiligen Schrift befassen und ihr vertrauen. Wer dies tut, wird sich nicht so leicht verwirren lassen, sondern nüchtern bei der Wahrheit bleiben. Jesus sagte, als er im hohepriesterlichen Gebet mit dem Vater sprach: »Dein Wort ist die Wahrheit« (Johannes 17, 17). Zu dieser Wahrheit gehört, daß Jesus Christus wiederkommen wird. Dieses Ereignis vollzieht sich in zwei Phasen: bei der Entrückung der Menschen, die an ihn glauben, und bei seiner Ankunft als Herr aller Herren und König aller Könige.

A. Die Entrückung der Glaubenden

Jesus hat all denen, die an ihn glauben, versprochen: »Ich will wiederkommen und euch zu mir nehmen« (Johannes 14, 3). Damit ist nicht gesagt, daß man in jedem Fall erst sterben muß, um zu Jesus zu gelangen. Die Christen, die zur Zeit seiner Wiederkunft leben, werden unmittelbar in den Himmel hineingenommen werden. Bis dahin aber geht auch der Weg der Christen durch den Tod zur Herrlichkeit.

In der Bibel wird schon zu relativ früher Zeit von sog. Entrückungen berichtet: Unter Umgehung des Todes wurden Menschen direkt und unmittelbar in die Welt Gottes hineingenommen. Das wird z. B. von Henoch gesagt, der ein Gott wohlgefälliges Leben geführt hatte. Er wurde von Gott entrückt und von seinen Mitmenschen nicht mehr gesehen (1. Mose 5, 24; Hebräer 11, 5). Auch der Prophet Elia starb nicht; er wurde mit einem feurigen Wagen direkt in den Himmel geholt (2. Könige 2, 11). Im Neuen Testament wird davon berichtet, daß Jesus nach seiner Auferstehung in die unsichtbare Welt Gottes aufgenommen wurde. Für die um ihn versammelten Jünger wurde dieses Ereignis durch eine Wolke verdeckt.

In der gleichen Weise wird die Gemeinde Jesu Christi entrückt werden, der alle Menschen angehören, die, unabhängig von ihrer Konfessionszugehörigkeit, Jesus Christus als ihrem Herrn und Erlöser vertrauen. Paulus schreibt darüber an die Thessalonicher: »Wir wollen euch aber, liebe Brüder, nicht im Ungewissen lassen über die, die da schlafen, auf daß ihr nicht traurig seid wie die andern, die keine Hoffnung haben. Denn wenn wir glauben, daß Jesus gestorben und auferstanden ist, so wird Gott auch, die da entschlafen sind, durch Jesus mit ihm einherführen. Denn das sagen wir euch als ein Wort des Herrn, daß wir, die wir leben und übrigbleiben bis zur Ankunft des Herrn, werden denen nicht zuvorkommen, die entschlafen sind. Denn er selbst, der Herr, wird mit befehlendem Wort, mit der Stimme des Erzengels und mit der Posaune Gottes herniederkommen vom Himmel, und die Toten in Christus werden auferstehen zuerst. Danach wir, die wir leben und übrigbleiben, werden zugleich mit ihnen hingerückt werden in den Wolken, dem Herrn entgegen in der Luft, und werden so bei dem Herrn sein allezeit« (1. Thessalonicher 4, 13–17).

Zugleich mit den bei der Wiederkunft Christi lebenden Christen werden auch die bereits gestorbenen Glaubenden auferweckt. Lebende wie Auferweckte werden dabei verwandelt: Sie erhalten einen neuen Leib, der der Herrlichkeit Gottes angemessen ist. Die Geist-Seelen der Verstorbenen, die sich in einem Zwischenzustand oder bereits unmittelbar bei Christus befunden haben, erhalten nun diesen neuen, verklärten Leib! Paulus erklärt das den Korinthern so: »Wir werden nicht alle entschlafen, wir werden aber alle verwandelt werden . . . Denn dies Verwesliche muß anziehen die Unverweslichkeit, und dies Sterbliche muß anziehen die Unsterblichkeit« (1. Korinther 15, 51–52). Auch Jesus Christus besaß nach seiner Auferstehung einen Herrlichkeitsleib.

Die Entrückung der Gemeinde wird vor der sichtbaren Wiederkunft Christi stattfinden. Er, das Haupt der Gemeinde, wird sie – wie ein Bräutigam die Braut zur Hochzeit – zu sich holen, um dann für immer mit ihr in der Herrlichkeit Gottes vereinigt zu sein. Diese Begegnung wird in der Luft stattfinden, und das alles wird sehr plötzlich vor sich gehen: »Und dasselbe plötzlich, in einem Augenblick, zur Zeit der letzten Posaune. Denn es wird die Posaune schallen, und die Toten werden auferstehen unverweslich, und wir werden verwandelt werden« (1. Korinther 15, 52).

Deshalb fordern die Schreiber des Neuen Testaments uns immer wieder auf, für diesen Augenblick bereit zu sein. Es werden nicht alle dabeisein, die nach außen hin christlich erscheinen oder sich christlich geben, sondern nur all die Menschen, die sich in einer klaren Entscheidung Jesus Christus bewußt zugewendet haben, die ihn als ihren Erlöser und Herrn anerkennen. Wer nur dem Namen nach Christ ist und sich auf eine christliche Tradition und ein sogenanntes anständiges Leben beruft, wird enttäuscht zurückbleiben müssen. Jesus hat durch sein Angebot der Vergebung und der Lebenserneuerung alle Menschen vor eine Entscheidung gestellt. Die Antwort des einzelnen, ob er dieses Angebot annimmt oder nicht, führt zwangsläufig zu einer Scheidung, und diese wird nun in ihrer ganzen Konsequenz offenbar. Jesus selbst sagt darüber: »Dann werden zwei auf dem Felde sein; einer wird angenommen und einer wird verworfen werden. Zwei werden auf einer Mühle mahlen; eine wird angenommen und die andere wird verworfen werden. Darum wachet; denn ihr wißt nicht, an welchem Tag euer Herr kommen wird. Das sollt ihr aber wissen: Wenn ein Hausvater wüßte, in welcher Stunde in der Nacht der Dieb kommt, so würde er ja wachen und nicht in sein Haus einbrechen lassen. Darum seid auch ihr bereit! Denn des Menschen Sohn kommt zu einer Stunde, da ihr's nicht meinet« (Matthäus 24, 40–44).

Wer ist bereit?

In Matthäus 25 erzählt Jesus in Verbindung mit seiner Wiederkunft ein Gleichnis von zehn Jungfrauen. Diese Geschichte macht besonders deutlich, was Jesus unter Bereitschaft versteht. Die geschilderte Szene spielt sich bei Nacht ab. Das ist nicht von ungefähr so. Der Apostel Paulus weist darauf hin, daß die »letzte Zeit« geistlich und moralisch eine dunkle Zeit sein wird, der Nacht vergleichbar: »Das sollst du aber wissen, daß in den letzten Tagen werden greuliche Zeiten kommen. Denn es werden Menschen sein, die viel von sich halten, geldgierig, ruhmredig, hoffärtig, Lästerer, den Eltern ungehorsam, undankbar, gottlos, lieblos, unversöhnlich, Verleumder, zuchtlos, wild, ungütig, Verräter, Frevler, aufgeblasen, die die Lüste mehr lieben als Gott, die da haben den Schein des gottesfürchtigen Wesens, aber seine Kraft verleugnen sie . . .« (2. Timotheus 3, 1–5).

Wir leben heute in einer solchen »dunklen« Zeit. Wirtschaftsfachleute und Politiker stehen vor unlösbaren Problemen. Auch im Blick auf das moralische Verhalten der Menschen ist unsere Zeit dunkel. Was früher als Laster galt, ist heute gesellschaftsfähig, besonders auf sexuellem Gebiet. Und diese Entwicklung bezeichnet man als Freiheit und Fortschritt. Den Mord von ungeborenen und unerwünschten Kindern rechtfertigt man mit dem Satz: »Mein Bauch gehört mir.« Aber auch Lüge, Betrug und Korruption gehören zur Tagesordnung menschlichen Verhaltens. Man hat die Maßstäbe Gottes verworfen und eine eigene »Situationsethik« aufgestellt, in der erlaubt ist, was in der jeweiligen Situation gerade gefällt. Aber auch auf religiösem Gebiet ist unsere Zeit dunkel. Viele Menschen nennen sich Christen, aber sie haben von dem lebendigen Jesus Christus und von der »Frohen Botschaft« der Bibel nie etwas gehört; in ihren Elternhäusern haben sie weder lebendigen Glauben kennengelernt, noch eine entsprechende biblische Unterweisung erhalten; das gleiche gilt für den Religionsunterricht in den Schulen, und selbst im Gottesdienst ihrer Kirchen sind diese Menschen oft nicht mit einer klaren, biblischen Verkündigung konfrontiert worden. Andere weichen einer biblisch orientierten Predigt aus, weil sie nicht bereit sind, sich dem Willen Gottes konsequent zu unterstellen. Selbst in vielen christlichen Kreisen, die sich an der Bibel ausrichten, hat sich Lauheit breitgemacht und zu einer Anpassung an weltliche Verhaltensweisen geführt. Demgegenüber nimmt der Aberglaube in der Welt zu, und immer mehr Menschen beteiligen sich an okkulten Praktiken. Der Fürst dieser Welt feiert Triumphe geistlicher Finsternis.

In dem Gleichnis, das Jesus in Matthäus 25 erzählt, ist nun von zehn jungen Mädchen die Rede, die zu einer Hochzeit eingeladen sind. Äußerlich wirken sie alle gleich: Alle erwarten den Bräutigam, sie tragen Lampen bei sich und gehen ihm entgegen. Dennoch spricht Jesus von einem großen Unterschied: fünf von ihnen nennt er klug, die anderen fünf töricht. Das entspricht letztlich der Beurteilung des Menschen aus der Sicht Gottes. Bei aller Anerkennung menschlicher Verschiedenheiten und Unterschiede gibt es nach den Aussagen der Bibel vor Gott letztlich nur zwei Gruppen von Menschen: Glaubende und Nichtglaubende, von Jesus Gerettete und

Verlorene, »Heilige« und Sünder, geistlich lebendige und geistlich tote Menschen – Kinder Gottes und Kinder des Teufels. Den so oft beschworenen neutralen Raum dazwischen gibt es nicht; jeder Mensch gehört einer dieser beiden Gruppen an.

Auch die von Jesus als töricht bezeichneten Mädchen warten auf den Bräutigam. Sie tragen Lampen in der Hand, aber das dazu gehörende Öl fehlt ihnen. Und viele Menschen sind ihnen gleich. Auch sie verfügen über Lampen: sie besitzen eine gewisse christliche Form, berufen sich auf eine christliche Tradition, gehören einer christlichen Gemeinde an und arbeiten vielleicht sogar in ihr mit. Sie bejahen, was in der Bibel steht, und nach diesem Leben möchten sie einmal die Ewigkeit bei Gott zubringen. Aber sie haben kein Öl; und das Öl ist ein Symbol für den Heiligen Geist. Paulus sagt: »Wer Christi Geist nicht hat, der ist nicht sein« (Römer 8, 9). Für diese fünf jungen Mädchen gibt es nach den Worten Jesu eine böse Überraschung. Ihre Lampen verlöschen in dem Augenblick, als der Bräutigam erscheint. In der Gegenwart Jesu werden äußere Frömmigkeit und Selbstgerechtigkeit mit einem Schlag als nichtig offenbar. Die Mädchen laufen sofort los, um das benötigte Öl noch schnell zu beschaffen, aber als sie zurückkehren, finden sie die Tür zum Hochzeitssaal verschlossen. Als sie um Einlaß bitten, wird ihnen entgegnet: »Ich kenne euch nicht!« – Jesus selbst spricht davon, daß es im Leben des Menschen ein »Zuspät« geben kann.

Auch die klugen Mädchen warten genau wie die törichten auf die Ankunft des Bräutigams. Aber sie haben nicht nur Lampen bei sich, sondern auch das nötige Öl. Sie sind bereit und werden in den Hochzeitssaal eingelassen. Glaubende Menschen gleichen diesen klugen Mädchen. In ihrem Leben ist etwas Grundlegendes geschehen: Sie haben den Heiligen Geist empfangen und sind dadurch zu neuen Menschen Gottes geworden. Jesus sagt zu Nikodemus: »Es sei denn, daß jemand von neuem geboren werde, so kann er das Reich Gottes nicht sehen« (Johannes 3, 3). – Wie aber erhält ein Mensch den Geist Gottes? Die Antwort lautet: Weder zufällig noch durch eine bestimmte religiöse Handlung. Es bedarf dazu einer Willensentscheidung, Jesus Christus im Glauben in sein Leben aufzunehmen und ihm die Herrschaft darüber anzuvertrauen. Zu Menschen, die diesen Glaubensschritt gewagt haben, sagt Paulus: »Da ihr gläubig wurdet, seid ihr versiegelt worden mit dem Heiligen Geist« (Epheser 1, 13). Wer sich Jesus Christus anvertraut, der ist im Sinne der Bibel ein Glaubender. Er empfängt den Heiligen Geist und wird wiedergeboren, d. h. er wird als ein neuer Mensch, als ein Kind Gottes in die Familie Gottes aufgenommen. Wer diesen Glaubensschritt vollzogen hat und sein Leben im Gehorsam gegenüber Gott gestaltet, der darf sich darauf freuen, daß er dabei sein wird, wenn Jesus Christus seine Gemeinde zu sich holt.

Muß die Gemeinde durch die große Trübsal?

Die Frage nach dem Zeitpunkt der Entrückung wird immer wieder diskutiert: Wird sie vor, während oder nach der Trübsalszeit stattfinden? Die Meinungen darüber gehen auseinander. Nach den Aussagen der Bibel erscheint es unwahrscheinlich, daß die Entrückung erst nach der großen Trübsal stattfinden kann; denn dann wird Jesus bereits mit seiner Gemeinde erscheinen, um die Herrschaft im Tausendjährigen Reich anzutreten: »Siehe, der Herr kommt mit vieltausend Heiligen« (Judas 14). – »Da wird dann kommen der Herr und alle Heiligen mit ihm« (Sacharja 14, 5).

Es ist wahrscheinlicher, daß die Gemeinde vor oder zu Beginn der Trübsalszeit entrückt wird; denn Jesus sagt: »Wenn dies (die Zeichen der Zeit) anfängt zu geschehen, so sehet auf und erhebet eure Häupter darum, daß sich eure Erlösung naht« (Lukas 21, 28). – »So seid nun wach allezeit und betet, daß ihr stark werden möget, zu entfliehen diesem allen, was geschehen soll, und zu stehen vor des Menschen Sohn« (Lukas 21, 36). Diese Stellen deuten darauf hin, daß die Glaubenden die große Trübsal vermutlich nicht durchmachen müssen. Wenn die Bibel von Verfolgung der »Heiligen« (Glaubenden) während der Trübsalszeit spricht, so kann sich das auf die Menschen beziehen, die während dieser Zeit gläubig werden; das gilt besonders für Israel.

Die Frage, wann die Entrückung stattfindet und ob auch die Gemeinde die Trübsalszeit durchmachen muß, sollte für Christen keinen Streitpunkt darstellen. Da sei jeder seiner Meinung gewiß. Wird der Gemeinde das Durchleiden dieser Trübsalszeit erspart, so wird das ein Grund zur Dankbarkeit sein. Muß sie aber dennoch Trübsale durchmachen – und das kann und wird auch schon vor der eigentlichen Drangsalszeit geschehen –, dann kann Jesus Christus die Glieder seiner Gemeinde bewahren oder ihnen die Kraft zum Durchhalten und zur Treue schenken.

Die Bibel fordert uns auf, mit der Entrückung der Gemeinde täglich, nicht erst zur Zeit des Antichristen, zu rechnen. Christen sollen an jedem Tag bereit sein, ihrem Herrn zu begegnen: »Darum seid auch ihr bereit, denn des Menschen Sohn kommt zu einer Stunde, da ihr's nicht meinet« (Matthäus 24, 44).

Das bedeutet nicht, daß wir nun ängstlich und verkrampft leben oder diesen Augenblick gar fürchten sollten. Ein Mensch, der weiß, daß Jesus ihm seine Schuld vergeben hat, der wird ohne Furcht, aber geheiligt und sogar mit Freuden auf diesen Tag warten. Er wird wie Johannes beten können: »Ja, komme bald, Herr Jesus!« (Offenbarung 22, 10).

B. Jesus Christus tritt die Herrschaft an

Wenn Jesus Christus erscheinen wird, um seine Gemeinde zu sich zu nehmen, wird dieses Ereignis für die übrige Welt nicht wahrzunehmen sein. Man wird lediglich anschließend eine Menge Leute vermissen. Wenn Jesus jedoch am Ende der Trübsalszeit auftritt, um den Antichristen zu besiegen und die Herrschaft im Tausendjährigen Reich anzutreten, so wird dies sichtbar vor aller Welt geschehen. Jesus selbst hat darüber gesprochen, als er vor dem Hohen Rat verhört wurde: »Ihr werdet sehen des Menschen Sohn sitzend zur rechten Hand der Kraft und kommen mit des Himmels Wolken« (Markus 14, 62).

Der Prophet Sacharja beschreibt, wie sich Israel bei dieser Begegnung verhalten wird: »Über das Haus David und über die Bürger Jerusalems will ich ausgießen den Geist der Gnade und des Gebets. Und sie werden mich ansehen, den sie durchbohrt haben, und sie werden um ihn klagen, wie man klagt um ein einziges Kind« (Sacharja 12, 10).

Daß Jesus seine Herrschaft vor den Augen aller Welt antreten wird, hat er auch seinen Jüngern gegenüber zum Ausdruck gebracht: »Und alsdann wird erscheinen das Zeichen des Menschensohnes am Himmel und alsdann werden heulen alle Geschlechter auf Erden und werden kommen sehen des Menschen Sohn in den Wolken des Himmels mit großer Kraft und Herrlichkeit« (Matthäus 24, 30). Wenn hier davon die Rede ist, daß Jesus »in den Wolken« kommt, so muß das keineswegs bedeuten, daß er gemächlich vom Himmel herniederschwebt. Bereits beim Bericht über die Himmelfahrt Jesu verdeckt eine Wolke den Übergang Jesu aus der sichtbaren in die unsichtbare Welt Gottes; entsprechend kann sich hier der umgekehrte Vorgang vollziehen.

Als Jesus vom Ölberg aus in den Himmel aufgenommen wurde, traten zwei Engel in weißen Kleidern auf die versammelten Jünger zu und sagten zu ihnen: »Dieser Jesus, welcher von euch ist aufgenommen gen Himmel, wird so kommen, wie ihr ihn habt gen Himmel fahren sehen« (Apostelgeschichte 1, 11). Jesus kehrte vom Ölberg aus zu seinem himmlischen Vater zurück. Bei seiner Wiederkunft wird er die Erde ebenfalls auf dem Ölberg betreten; dabei wird dieser sich spalten: »Seine Füße werden stehen zu der Zeit auf dem Ölberg, der vor Jerusalem liegt nach dem Osten hin. Und der Ölberg wird sich in der Mitte spalten, vom Osten bis zum Westen, sehr weit auseinander, so daß die eine Hälfte des Berges nach Norden und die andere nach Süden weichen wird« (Sacharja 14, 4).

An mehreren Stellen wird in der Bibel davon berichtet, daß Jesus bei seiner sichtbaren Wiederkunft den Antichristen und mit ihm alle Gottlosen besiegen und bestrafen wird. Paulus schreibt darüber: »Und alsdann wird der Frevler offenbart werden, welchen der Herr Jesus umbringen wird mit dem Hauch seines Mundes und wird ihm ein Ende machen durch seine Erscheinung, wenn er kommt« (2. Thessalonicher 2, 8). – ». . . wenn nun der Herr Jesus sich offenbaren wird vom Himmel in Feuerflammen mit der Macht seiner Engel, Vergeltung zu üben an denen, die Gott nicht kennen wollen, und an denen, die nicht gehorsam sind dem Evangelium unseres Herrn Jesus Christus. Die werden Strafe leiden, das ewige Verderben, fern von dem Angesicht des Herrn und von seiner herrlichen Macht, wenn er kommen wird, daß er herrlich erscheine bei seinen Heiligen und wunderbar bei allen Gläubigen an jenem Tage« (2. Thessalonicher 1, 7–10).

Christen, die dem Wort der Bibel vertrauen, wissen, daß sich diese Vorhersagen erfüllen werden. Deshalb lautet ihr Wahlspruch schon heute: »Jesus ist Sieger!« Das werden einmal auch alle Völker erkennen müssen; denn wenn Jesus erscheint, wird er ihr Richter sein: »Wenn aber des Menschen Sohn kommen wird in seiner Herrlichkeit und alle Engel mit ihm, dann wird er sitzen auf dem Thron seiner Herrlichkeit, und werden vor ihm alle Völker versammelt werden. Und er wird sie voneinander scheiden, gleich wie ein Hirte die Schafe von den Böcken scheidet« (Matthäus 25, 31–32).

Als Jakob seine zwölf Söhne segnete, sagte er voraus, daß aus dem Stamm Juda einmal ein Herrscher hervorgehen sollte, dem alle Völker untertan sein würden: »Es wird das Zepter von Juda nicht weichen noch der Stab des Herrschers von seinen Füßen, bis daß der Held komme, und ihm werden die Völker anhangen« (1. Mose 49, 10). Dieser Text weist auf Jesus hin. Die darin enthaltene Vorhersage erfüllte sich teilweise darin, daß durch die Jahrhunderte hindurch Menschen aus allen Völkern Jesus als ihren Erlöser annahmen und ihm die Herrschaft ihres Lebens übertrugen. Doch damit ist die Prophezeiung noch nicht voll erfüllt. Jesus muß noch Herrscher über Israel und die ganze Welt werden. Dazu muß er den Thron seines Vorfahren David einnehmen. Das geht auch aus der Ankündigung der Geburt Jesu durch den Erzengel Gabriel hervor: »Siehe, du wirst schwanger werden und einen Sohn gebären, des Namen sollst du Jesus heißen. Der wird groß sein und ein Sohn des Höchsten genannt werden; und Gott, der Herr, wird ihm den Thron seines Vaters David geben, und er wird ein König sein über das Haus Jakob ewiglich, und seines Reiches wird kein Ende sein« (Lukas 1, 31–33). Auch der Prophet Sacharja schaut den Messias als Herrscher: »Und der Herr wird König sein über alle Lande« (Kapitel 14, 9).

Die Christen wissen schon heute, daß Jesus der Messias ist. Einmal werden ihn auch die Juden als ihren König anerkennen. Als diesen König sah ihn Daniel: »Ich sah in diesem Gesicht in der Nacht, und siehe, es kam einer in den Wolken des Himmels wie eines Menschen Sohn und gelangte zu dem, der uralt war (Gott), und wurde vor ihn gebracht, der gab ihm Macht, Ehre und Reich, daß ihm alle Völker und Leute aus so vielen verschiedenen Sprachen dienen sollten. Seine Macht ist ewig und vergeht nicht, und sein Reich hat kein Ende« (Daniel 7, 13. 14).

Wie wird Jesus wiederkommen?

Die Wiederkunft Jesu Christi wird für viele Menschen eine Überraschung sein: »Der Tag des Herrn wird kommen wie ein Dieb in der Nacht. Wenn sie sagen, es ist Friede, es hat keine Gefahr, dann wird sie das Verderben schnell überfallen wie der Schmerz ein schwangeres Weib, und werden nicht entfliehen« (1. Thessalonicher 5, 2–3).

Die große Masse der Menschen wird nicht glauben, daß Jesus lebt und wiederkommt. Andere werden durch sein Kommen überrascht sein; sie haben ihr Leben nicht mit Gott in Ordnung gebracht und waren der Meinung, daß sie dazu noch lange Zeit hätten.

Das Ereignis selbst wird sich so plötzlich vollziehen, daß es dem Menschen keine Möglichkeit zur Umkehr mehr läßt. In einem Augenblick wird Jesus aus der unsichtbaren Welt Gottes in diese sichtbare Welt eintreten: »Denn wie der Blitz ausgeht vom Anfang und leuchtet bis zum Niedergang, so wird auch sein das Kommen des Menschensohnes« (Matthäus 24, 27).

Die Wiederkunft Jesu wird in Herrlichkeit erfolgen. Als er zum erstenmal auf diese Erde kam, wurde er in einem Stall geboren; in den Herbergen von Bethlehem war kein Platz für ihn. Bald darauf mußten seine Eltern mit ihm fliehen, weil Herodes das Kind töten wollte. Das erste Auftreten des Sohnes Gottes auf dieser Erde war wahrhaftig nicht von Herrlichkeit gekennzeichnet. Das gilt auch für seine Jugend und für die Zeit vor seiner öffentlichen Wirksamkeit. Er übte den Beruf eines Zimmermanns aus, und auch während seines öffentlichen Auftretens lebte er in Armut. Er sagt von sich selbst: »Des Menschen Sohn hat nichts, wo er sein Haupt hinlegen kann« (Matthäus 8, 20). Immer wieder hat man versucht, ihn umzubringen. Und schließlich hat Gott zugelassen, daß er an einem Kreuz hingerichtet wurde und damit den schmählichsten Tod jener Zeit starb. Ein Auftritt ohne Herrlichkeit. Als er, beladen mit der Sünde der ganzen Menschheit, am Kreuz hing, mußte sogar Gott das Angesicht vor ihm verbergen. In dieser furchtbaren Qual rief Jesus aus: »Mein Gott, mein Gott, warum hast du mich verlassen!« Damit aber erfüllte sich eine Weissagung Jesajas: »Er war der Allerverachtetste und Unwerteste, voller Schmerzen und Krankheit. Er war so verachtet, daß man das Angesicht vor ihm verbarg; darum haben wir ihn für nichts geachtet« (Jesaja 53, 3). Trotzdem bedeutete sein schmachvoller Tod nicht das Scheitern seiner Mission, er gehörte vielmehr zu seinem Auftrag: »(Er) entäußerte sich selbst, nahm Knechtsgestalt an, ward gleich wie ein anderer Mensch und an Gebärden als ein Mensch erfunden. Er erniedrigte sich selbst und ward gehorsam bis zum Tode, ja zum Tode am Kreuz« (Philipper 2, 7–8). Sein Weg war gekennzeichnet von Schmach und Schande.

Bereits bei der Wiederkunft Jesu jedoch wird offenbar werden, was in den darauf folgenden Versen gesagt ist: »Darum hat ihn auch Gott erhöht und hat ihm einen Namen gegeben, der über alle Namen ist, daß in dem Namen Jesu sich beugen sollen aller derer Knie, die im Himmel und auf Erden und unter der Erde sind, und alle Zungen bekennen sollen, daß Jesu Christus der Herr sei, zur Ehre Gottes des Vaters« (Philipper 2, 9–11).

Die Wiederkunft Christi wird die herrlichste und größte Demonstration sein, die die Welt je gesehen hat. Die Engel und die an ihn Glaubenden, die sich bereits im Himmel befinden, werden sein Gefolge bilden (Matthäus 25, 31; Judas 14).

Warum ist Jesus bis jetzt nicht wiedergekommen?

Warum aber läßt Jesus solange auf sich warten? Diese Frage wird den Christen oft spöttisch gestellt. Schon zur Zeit der ersten christlichen Gemeinden machte man sich darüber lustig und meinte, es würde doch alles beim Alten bleiben, und Jesus würde nie wiederkommen. Petrus gibt darauf die Antwort: »Der Herr verzögert nicht die Verheißung, wie es etliche als eine Verzögerung achten; sondern er hat Geduld mit euch und will nicht, daß jemand verloren werde, sondern daß sich jedermann zur Buße kehre« (2. Petrus 3, 9). Paulus erklärt, daß zunächst »die Fülle der Heiden eingegangen« sein muß (Römer 11, 25); die Vollzahl der Gemeinde muß erreicht werden. Ist diese Zahl, die nur Gott kennt, erfüllt, so geht die Zeit der Gemeinde zu Ende, und Jesus kommt, um sie zu sich zu holen.

C. Die Zeichen der Zeit

Wann kommt Jesus wieder?

Über diese Frage hat man sich oft gestritten; ganze Sekten verdanken ihr ihre Existenz. Auch die ersten Jünger Jesu interessierten sich für diesen Zeitpunkt: »Und Jesus ging hinweg von dem Tempel, und seine Jünger traten zu ihm, daß sie ihm zeigten des Tempels Gebäude. Er aber sprach zu ihnen: Sehet ihr das nicht alles? Wahrlich, ich sage euch: Es wird hier nicht ein Stein auf dem anderen bleiben, der nicht zerbrochen werde. Und als er auf dem Ölberg saß, traten zu ihm seine Jünger besonders und sprachen: Sage uns, wann wird das geschehen? Und welches wird das Zeichen sein deines Kommens und des Endes der Welt?« (Matthäus 24, 1–3).

Genau genommen sind es drei Fragen, die die Jünger hier an Jesus richten:

1. »Wann wird der Tempel zerstört werden?« – Bei der Besichtigung des Tempels, den Herodes d. Gr. hatte vergrößern und verschönern lassen, staunten die Jünger über die Pracht des Gebäudes. Jesus aber sagte ihnen, daß es einmal zerstört werden sollte. Als sie später auf dem Ölberg mit Jesus allein waren, stellten sie ihm die Frage: »Wann wird das geschehen?« Aber Jesus nannte für dieses Ereignis keinen festen Zeitpunkt oder gar ein Datum. Er verwies die Jünger auf besondere Zeichen, die vor der Zerstörung des Tempels zu erkennen sein würden. Der herodianische Tempel wurde tatsächlich im Jahr 70 n. Chr. zerstört. Die Vorhersage Jesu erfüllte sich: es blieb kein Stein auf dem anderen.

2. Die zweite Frage lautete: »Wann wirst du wiederkommen?« – Auch darauf antwortete Jesus nicht mit der Angabe eines bestimmten Zeitpunktes. Bestimmte Zeichen der Zeit sollen auch sein Kommen ankündigen. Die Zeichen, die Jesus in diesem Zusammenhang nannte, sind heute bereits deutlich zu erkennen. Dieses wichtige Ereignis der Heilsgeschichte ist also nahegekommen, und es wird genau so gewiß eintreten wie damals die Zerstörung des Tempels.

3. Die dritte Frage bezieht sich auf den Weltuntergang. Auch sie ist in unseren Tagen hoch aktuell. Immer wieder wird darüber gesprochen und geschrieben. Viele Menschen fürchten, daß die Welt »durch einen Zufall« zerstört werden könnte, wenn z. B. jemand auf einen bestimmten Knopf drückt, und damit – vielleicht aus Versehen – einen Atomkrieg auslöst. Überall in der Welt hat man Angst vor dieser Möglichkeit. Nun wird es zweifellos auf unserer Erde noch Kriege geben, die furchtbare Zerstörungen anrichten werden. Die Vernichtung der Welt jedoch bleibt nicht dem Zufall überlassen; sie wird nach Gottes Willen und Plan erfolgen, und zwar erst nach der Wiederkunft Jesu und nach Ablauf des Tausendjährigen Friedensreiches. Auch diese Katastrophe wird durch Zeichen der Zeit angekündigt.

Jesus weist in Matthäus 24, 36 ausdrücklich darauf hin, daß sich der Zeitpunkt seiner Wiederkunft nicht errechnen läßt: »Von dem Tage aber und der Stunde weiß niemand, auch die Engel nicht im Himmel, sondern allein der Vater.« Trotz dieser Warnung haben die Menschen immer wieder Berechnungen angestellt, die samt und sonders nicht aufgegangen sind; das gilt für die Zeugen Jehovas ebenso wie für die Neuapostolische Kirche und viele andere. Nach Meinung eines Mailänder Kinderarztes sollte Jesus am 14. Juli 1960 um 13.45 Uhr wiederkommen. Gleichzeitig sollte die Welt zerstört werden; nur der Mont Blanc und seine Umgebung sollten verschont bleiben. Etwa 100 Anhänger dieses Phantasten bestiegen aus Furcht mit ihm gemeinsam zu dem genannten Zeitpunkt den hohen Berg. Auch sie mußten ihren Irrtum einsehen, als der berechnete Termin verstrichen war.

Es kommt nicht darauf an, daß wir das Datum der Wiederkunft Jesu kennen, sondern daß wir darauf vertrauen, daß er bestimmt kommen wird. Er selbst sagt: »Es gebührt euch nicht zu wissen Zeit oder Stunde . . .« (Apostelgeschichte 1, 7).

Sicher wissen Christen, die die Bibel kennen, über den Ablauf des Zeitgeschehens und über Gottes Heilsgeschichte mehr als andere

Leute; aber auch ihr Wissen ist begrenzt. So macht die Bibel z. B. keine Aussagen darüber, ob Gott noch an anderen Stellen im weiten Universum Lebewesen geschaffen hat. »Unser Wissen ist Stückwerk« sagt der Apostel Paulus.

Die Bibel ist nicht dazu da, um unsere Neugierde zu befriedigen. Sie will uns auf die wesentlichen Dinge unseres Lebens hinweisen. Sie gibt Auskunft über Gott und seine ewige Welt. Sie läßt uns nicht im Unklaren darüber, was Gott über uns denkt und wie er uns ansieht, nämlich als verlorene Sünder. Und im Mittelpunkt dieses umfangreichen Buches steht die Nachricht von Jesus Christus, in dem Gott eben diesen verlorenen Sündern Vergebung ihrer Schuld und ein neues Leben anbietet. Die Bibel beschreibt uns den einzigen Weg, der zur Begegnung mit Gott führt. Sie spricht davon, wie der Mensch den Willen Gottes erkennen und danach leben kann.

Der Termin der Wiederkunft Christi aber wird nirgends in der Heiligen Schrift genannt. Gott will, daß wir ihn täglich erwarten. Das führt den Christen dazu, ein geheiligtes, Gott zur Verfügung gestelltes Leben zu führen und sich für die Sache des Evangeliums einzusetzen. Gott hat uns nicht gesagt, daß wir bis zur Wiederkunft seines Sohnes tatenlos herumsitzen sollen. Jesus fordert alle seine Leute zur Aktivität für das Reich Gottes auf, wenn er im Gleichnis aufruft: »Handelt damit (mit den euch anvertrauten Pfunden), bis daß ich wiederkomme!« (Lukas 19, 13).

Dennoch läßt Jesus seine Gemeinde nicht völlig im Ungewissen. Er nennt Zeichen, die uns seine Wiederkunft ankündigen. In unseren Tagen werden diese Zeichen immer deutlicher erkennbar. Und Jesus fordert uns auf, auf die Zeichen der Zeit zu achten: »Das Aussehen der Erde und des Himmels versteht ihr zu prüfen; wie prüfet ihr aber diese Zeit nicht?« (Lukas 12, 56).

Einzelne »Zeichen der Zeit«

Falsche Propheten

Jesus selbst hat auf diese Männer aufmerksam gemacht und vor ihnen gewarnt: »Es werden viele kommen unter meinem Namen und sagen: Ich bin der Christus, und werden viele verführen . . . Und es werden sich viele falsche Propheten erheben und werden viele verführen . . ., denn mancher falsche Christus und falsche Propheten werden aufstehen und große Zeichen und Wunder tun, .so daß,

wenn es möglich wäre, auch die Auserwählten verführt würden«
(Matthäus 24, 5. 11. 24).

Im Lauf der Jahrhunderte sind immer wieder Menschen aufgetreten, die behauptet haben, Christus zu sein. Meist sind diese Leute bald wieder in der Versenkung verschwunden, und man hat nichts mehr von ihnen gehört. In der letzten Zeit wird es besonders der »falsche Prophet« sein, der mit Wundertaten und demagogischen Volksreden die Massen verführt. In der Gegenwart jedoch stellen sich uns die falschen Propheten in anderer Gestalt dar. Es hat sich eine große Zahl von Sekten gebildet, die sich viel Mühe geben, Menschen von ihrer Lehre zu überzeugen. Auch sie sprechen von Christus und der Bibel, aber sie deuten ihren Inhalt so um, daß er sich in ihre eigene Lehre einfügt. Oder sie erklären, daß die Bibel allein und die Erlösung durch den Sühnetod Jesu Christi nicht ausreiche; man müsse noch zusätzliche Offenbarungen gewisser Leute beachten, um den Willen Gottes zu erkennen, oder besondere Leistungen vollbringen, um die Gunst Gottes zu erwerben. Gerade in unserer Zeit machen neue Religionen von sich reden, die ihren Ursprung meistens im Fernen Osten haben. Sie üben besonders auf junge Leute einen starken Reiz aus. Unter ihnen ist z. B. die Krishna-Bewegung zu nennen, die im Sommer 1966 in New York von einem gebürtigen Inder gegründet wurde, der sich heute Swami-Prabhupada nennt. Seine Anhänger kann man meist in den Großstädten beobachten. Sie haben kahlgeschorene Köpfe und tragen weiße Kleider; sie tänzeln mit einem gewissen Sing-Sang daher oder betteln um Geld. In ihren gesungenen Dauergebeten kommen immer wieder die drei hinduistischen Gottesnamen Hare, Krishna und Rama vor. Diese Organisation geriet besonders durch den Vorwurf der Kindesentführung, durch Waffenbesitz und durch die Ansammlung hoher Geldbeträge ins Zwielicht der öffentlichen Meinung.

Zu den falschen Propheten müssen wir auch den Koreaner Sun Myung Mun rechnen. Er gründete die sog. »Vereinigungskirche«, die zunächst »Gesellschaft zur Vereinigung des Weltchristentums« genannt wurde. Diese Bewegung verfolgt das Ziel, ihren Anführer als Messias zu propagieren, und zwar nicht nur auf religiösem Gebiet, sondern z. B. auch im Bereich von Wirtschaft, Wissenschaft, und Kultur. Die Missionare der Mun-Sekte bezeichnen sich selbst als »die wahre Familie«. Sie werben besonders in den belebten Zentren der Großstädte um Anhänger. Enttäuschte und labile Jugendliche geraten oft in ihr Netz.

Eine große Anhängerschar hat auch der junge Guru Maharaj Ji in der westlichen Welt gewonnen. Er münzt Bibelstellen, die sich auf Jesus beziehen, auf seine eigene Person um. Seine Organisation nennt er »Divine Light Mission« (Mission des göttlichen Lichts). Im Jahr 1973 kündigte er in Houston (Texas) das Tausendjährige Reich an. In seiner Zeitschrift »Die goldene Zeit« erklärte er in der Dezemberausgabe 1973: »Eins kann ich euch versichern: Es ist mir möglich, auf dieser Erde, in dieser Epoche, den Frieden zu errichten.«

Alle diese Sekten und Religionen treten mit dem Anspruch auf, allein die göttliche Wahrheit zu besitzen. Aber sie verkündigen nicht göttliche Wahrheit, sondern Lehren der Dämonen. Schon Paulus hat darauf hingewiesen: »Denn solche falschen Apostel und arglistigen Arbeiter verstellen sich zu Christi Aposteln. Und das ist auch kein Wunder; denn er selbst, der Satan, verstellt sich zum Engel des Lichtes. Darum ist es nichts Großes, wenn sich auch seine Diener verstellen als Diener der Gerechtigkeit« (2. Korinther 11, 14–15).

Doch nicht nur in fremden Religionen und Sekten zeigen sich die falschen Propheten; auch christliche Kirchen und Gemeinden sind hin und wieder von ihnen durchsetzt. Es treten in ihnen Männer und Frauen auf, die die Gottessohnschaft Jesu, seine Jungfrauengeburt, seine Wundertaten, sein Erlösungswerk am Kreuz und seine Auferstehung leugnen. Viele erkennen nicht einmal einen persönlichen Gott und himmlischen Vater an. Die Bibel ist für sie nicht das vom Heiligen Geist inspirierte Wort Gottes; so fällt es ihnen nicht schwer, viele ihrer Aussagen wegzulassen (sie wird entmythologisiert«). Was an biblischer Substanz übrigbleibt, wird nicht selten mit pseudowissenschaftlichen Erkenntnissen angereichert. Daraus ergibt sich dann vielleicht eine Botschaft der Mitmenschlichkeit, aber das biblische Evangelium ist verlorengegangen. Demgegenüber sagt Paulus: »Aber wenn auch wir oder ein Engel vom Himmel euch würde Evangelium predigen anders, als wir euch gepredigt haben, der sei verflucht!« (Galater 1, 8).

Falsche Propheten und falsche Lehren in mancherlei Form sind ein Zeichen dafür, daß wir in der »letzten Zeit« leben.

Abfall vom Glauben

Die Welt wird, wenn sich ihre Geschichte dem Ende zuneigt, nicht christlicher; vielmehr wird der Widerstand gegen Gott zunehmen. Diese Entwicklung zeichnet sich bereits in unserer Zeit ab. Eltern, die selbst keine Christen sind, werden auch ihre Kinder nicht zum

Glauben hin erziehen oder christlich beeinflussen. In Europa breitet sich ein Neuheidentum aus. Den wenigsten Menschen ist der Inhalt der Bibel bekannt, und mit Jesus weiß man kaum etwas anzufangen. Stattdessen öffnet man sich für verschiedene Ideologien, die von vielen als Ersatzreligion angesehen werden. Schließlich braucht der Mensch etwas, wofür er sich einsetzen kann. Auch in diesem Zusammenhang ist auf die starke Zunahme des Aberglaubens in allen Volksschichten und Altersklassen zu verweisen. Transzendentale Meditation und Yoga sind an die Stelle biblischen Zuspruchs getreten.

Die Heilige Schrift weist deutlich darauf hin, daß es vor der Wiederkunft Christi nicht zu einer »Welterweckung« kommt, sondern daß die Abwendung von Gott zunehmen wird: »Der Geist aber sagt deutlich, daß in den letzten Zeiten werden etliche vom Glauben abfallen und anhangen den verführerischen Geistern und Lehren böser Geister« (1. Timotheus 4, 1). An anderer Stelle spricht Paulus vom Abfall: »Denn er (Jesus) kommt nicht, es sei denn, daß zuvor der Abfall komme . . .« (2. Thessalonicher 2, 3).

Zunahme der Gesetzlosigkeit

In Matthäus 24, 12 weist Jesus auf diese Entwicklung hin: »Weil der Unglaube wird überhandnehmen, wird die Liebe in vielen erkalten.« Der Unglaube, die Abwendung von Gott, bedeutet auch Abkehr vom alttestamentlichen Gesetz und damit von den Zehn Geboten; zugleich aber werden für einen Menschen, der Gott den Rücken kehrt, alle Maßstäbe und Normen, die Gott im Neuen Testament für das Leben der Menschen festgelegt hat, etwa die Bergpredigt, hinfällig. Der von Gott losgelöste Mensch macht sich seine Gesetze und Lebensregeln selbst, und nicht selten richtet er sich dabei nach dem Wunsch der Allgemeinheit.

Da man sich Gott gegenüber nicht mehr verantwortlich fühlt, fällt man in die Gesinnung Kains zurück: »Soll ich meines Bruders Hüter sein?« Man fordert vom Staat, daß er sich um den einzelnen kümmert; die Liebe wird durch verwaltete Fürsorge ersetzt. Nächstenliebe ist ein zutiefst christliches Gebot; ohne Bindung an Christus verliert es Gültigkeit und Kraft. Aus der Bindung an Gott wurde die Bindung an »die Dinge«, und unsere materialistisch eingestellte Gesellschaft erwies sich als geeigneter Nährboden für Brutalität und Terror. Die Mißachtung der Gebote Gottes führt zur Mißachtung der Gesetze und der Autorität des Staates. Erpressungen und Banküberfälle, Entführungen und Geiselnahmen sind überall in der Welt ebenso an der Tagesordnung wie Mord und Folterung, Diebstahl und Vergewaltigung.

Die Kriminalität nimmt vor allem in den Großstädten in einem Ausmaß überhand, daß die Ordnungsorgane damit oft nicht mehr fertigwerden. Eine Pressemeldung vom 4. 4. 77 berichtet über die Stadt New York: »Zu viele Verbrechen – Polizei kapitulierte – Jeden Tag fünf Morde, elf Vergewaltigungen, neun große Raubüberfälle. Vor dieser Verbrecherwelle haben jetzt 600 der 1000 in New York arbeitenden FBI-Beamten kapituliert. Sie beantragten ihre Versetzung in ruhigere Städte.«

In der Bundesrepublik ist die Situation nicht wesentlich besser. Generalbundesanwalt Buback wurde von Terroristen auf offener Straße erschossen; und er ist nur einer in einer Reihe von entführten oder ermordeten Persönlichkeiten. Linke Studentengruppen verunglimpfen die Opfer, während sie den Terroristen offen ihre Sympathie aussprechen.

Auch in unseren Großstädten wird der Sog nach unten erkennbar. Ganze Straßenviertel werden von der Unterwelt kontrolliert. Das Verbrechen breitet sich aus wie ein Krebsgeschwür. In früher renommierten Straßen wechseln heute Bars, Sexshops und Bordelle einander ab. In Boulevardkinos werden Filme gezeigt, deren Inhalt im wesentlichen aus Brutalität und Pornographie besteht. Die biblischen Schriftsteller geben sich über diese Zeit keinen Illusionen hin. Wenn Paulus von den Menschen der letzten Tage spricht, so bezeichnet er sie als: ». . . zuchtlos, wild, ungütig, Verräter, Frevler«, als Leute, »die die Lüste mehr lieben als Gott« (2. Timotheus 3, 1–5).

Angst und Ratlosigkeit

Der von Gott losgelöste Mensch ist gekennzeichnet von Angst, Unsicherheit und Ratlosigkeit. Oft werden sie auch und gerade hinter zur Schau getragener Selbstsicherheit sichtbar. Auch der Christ wird von bedrückenden Zeit- und Lebenssituationen angefochten; aber er darf in seinen Nöten im Namen Jesu um Hilfe bitten. Dabei wird er erfahren, daß Gott ihm Befreiung schenkt oder ihm die Kraft und den Beistand zum Durchhalten in bestimmten Situationen gewährt. In beiden Fällen muß die Angst, für die auch der Christ empfänglich ist, der Geborgenheit in Christus weichen.

Man spricht heute bereits davon, daß wir »im Zeitalter der Angst« leben. Das wird um so verständlicher, wenn wir uns klarmachen, daß Angst letztlich in der Schuld vor Gott ihre Ursache hat. Schon Adam bekennt nach dem Sündenfall: »Ich hörte dich im Garten und fürchtete mich« (1. Mose 3, 10). Adam hat in unserer Zeit viele Brüder und Schwestern. Sie fürchten sich vor der Einsamkeit, vor dem Alter, vor Krankheit, vor Krieg, Verbrechen, Atombomben und dem Tod. Und das führt viele zur typischen Lebensweise des gottlosen Menschen: »Lasset uns essen und trinken, denn morgen sind wir tot« (1. Korinther 15, 32).

Aber Jesus meint mit Angst auch die Ratlosigkeit der Völker: »Und auf Erden wird den Leuten bange sein, und sie werden zagen...« (Lukas 21, 25; in anderen Übersetzungen steht hier »Angst« oder »Ratlosigkeit«). Der moderne Mensch ist in mancher Hinsicht ratlos. Schon der Völkerbund konnte den Zweiten Weltkrieg nicht verhindern. Die UNO, seit 1945 seine Nachfolgeorganisation, stellt immer wieder ihre Hilflosigkeit unter Beweis. Politiker, Wirtschaftsmanager, Soziologen und andere Experten stehen den Problemen der Menschheit und den ihr drohenden Krisen oft ohnmächtig gegenüber.

Kriegsgeschrei und Krieg

»Ihr werdet hören von Kriegen und Kriegsgeschrei; sehet zu und erschrecket nicht, denn es muß so geschehen; aber es ist noch nicht das Ende: Denn es wird sich empören ein Volk wider das andere und ein Königreich wider das andere« (Matthäus 24, 6–7). Mit diesen Worten beschreibt Jesus seinen Jüngern ein weiteres Kennzeichen der letzten Zeit.

Nun hat es in der Welt Kriege gegeben, seit der Mensch sie bewohnt. Schon Abel wurde von Kain in einem Bruderkrieg getötet. Aber mit dem Anwachsen der Menschheit nahm auch das Ausmaß der Kriege zu. Forschung und Technik taten ein Übriges, um die Zerstörungskraft von Angriffs- und Verteidigungswaffen zu steigern und sie zu furchtbaren Instrumenten des Tötens zu entwickeln. In den letzten beiden Weltkriegen sind Millionen von Menschen durch Massenvernichtungsmittel ums Leben gekommen. Heute herrscht große Furcht vor einem Dritten Weltkrieg, denn dieser dürfte in der Tat die ganze Welt einbeziehen. Auf der einen Seite bemüht man sich um Friedens- und Sicherheitskonferenzen, auf der anderen droht man mit Krieg und Vergeltung und kann die vielen kleineren oder größeren militärischen Konflikte, die heute an den Krisenherden der Welt ausgetragen werden, weder eindämmen noch beseitigen. Revolutionen und Aufstände sorgen in allen Teilen der Welt für Unruhe. Wie lange wird es dauern, bis die ganze Welt in Flammen steht? Politiker jagen von einer Konferenz zur anderen, um das Schlimmste zu verhindern. Überall, so meint man, könnte ein Pulverfaß hochgehen.

In den Gerichtsandrohungen der Offenbarung heißt es lakonisch: »Der Friede wird von der Erde genommen werden« (Offenbarung 6, 4). Dann steuert alles auf den größten aller Kriege zu, in den alle Völker verwickelt sein werden und der in der Entscheidungsschlacht von Harmagedon sein Ende findet.

Erdbeben und Katastrophen

Auch Erdbeben hat es schon immer gegeben. Aber in letzter Zeit häufen sie sich offenkundig, und ihre Wirkung ist verheerender als in vergangenen Jahrhunderten. Man kann das nicht allein damit erklären, daß wir heute über bessere und vor allem schnellere Informationsmittel verfügen. Die Beben scheinen stärker geworden zu sein, und wenn sie sich in dichtbesiedelten Gegenden und Großstädten ereignen, so sind oft Tausende von Todesopfern die Folge. Agadier, Chile, Rumänien und Nordchina sind Mahnmale in dieser Beziehung. »Bei dem schweren Erdbeben, das Nord-China am 28. Juli 1976 erschütterte, sind mindestens 655 000 Menschen ums Leben gekommen und weitere 779 000 verletzt worden,« berichtete eine Zeitung.

Wenn wir solche Nachrichten hören oder lesen, sollten wir nicht außer acht lassen, daß Jesus Erdbeben als Zeichen der Endzeit angekündigt hat: »Und es werden sein Erdbeben hin und her« (Matthäus 24, 7). – »Es werden geschehen große Erdbeben hin und her« (Lukas 21, 11). – Auch die vielen anderen Katastrophen, Unglücke im Flugzeug-, Schiffs- und Bahnverkehr, sollten wir als eine Mahnung an die Menschen verstehen, bevor die großen Gerichte über die Erde hereinbrechen.

Hungersnot und teure Zeit

Politiker, Wirtschaftsfachleute und Wissenschaftler sind um die Ernährung der Menschen in der Zukunft besorgt. Schon heute leiden zwei Drittel der Weltbevölkerung an Hunger. Betroffen sind vor allem die Länder der Dritten Welt, in denen die größte Armut herrscht. Die Nahrungsmittelproduktion kann mit der schnell anwachsenden Bevölkerung nicht Schritt halten. Hinzu kommt, daß Energiequellen versiegen, Rohstoffe knapp werden und im Preis steigen. Atomkraftwerke, lange Zeit als die Energiespender von morgen gepriesen, stehen nun in dem Verdacht, die Menschen zu gefährden, denen sie nutzen sollten. Auch ist das Problem der Beseitigung atomarer Abfallprodukte und der Deponierung des Atommülls noch nicht endgültig gelöst.

Außerdem sagt Jesus von der letzten Zeit voraus: »Es wird teure Zeit sein« (Matthäus 24, 7). Was Verteuerung bedeutet, haben uns die weltweit steigenden Inflationsraten der letzten Jahre deutlich vor Augen geführt. Hierhin gehört aber auch das Gespenst der Massenarbeitslosigkeit. Durch zunehmende Automatisierung und Rationalisierung gehen mehr und mehr Arbeitsplätze verloren. Junge Menschen haben Mühe, noch Ausbildungsplätze zu finden. Die Wirtschaft der einzelnen Staaten ist durch Spezialisierung und wachsende Ex- und Importe so miteinander verflochten, daß Krisen in einzelnen Staaten und Wirtschaftsgruppen weltweite Auswirkungen haben können. Kapitalschwache Staaten sind schon heute hoch verschuldet.

Krankheit und Seuchen

In Verbindung mit Erdbeben und Verteuerung wird auch erwähnt, daß es »... hin und her Pestilenz« geben wird (Lukas 21, 11). Trotz des hohen medizinischen Niveaus, das wir erreicht haben, breiten sich bestimmte Krankheiten weiter aus. Der Krebs ist zu einer Geißel der Menschheit geworden, an der jährlich Tausende von Menschen sterben. Die Forschungsarbeiten, mit deren Hilfe die Ursachen dieser Krankheit entdeckt und wirksame Mittel zu ihrer Bekämpfung entwickelt werden sollen, haben bisher nicht die gewünschten Ergebnisse erbracht. Die Geschlechtskrankheiten, die man bereits überwunden zu haben glaubte, nehmen in allen Ländern wieder rapide zu. Der Grund dafür ist ein »freizügiges«, die Gebote Gottes mißachtendes, sexuelles Verhalten.

Durch medizinische Forschung entdeckt man immer wieder neue Krankheitserreger. Zugleich stellt man fest, daß gewisse Krankheitskeime und Bakterien im Laufe der Zeit gegen die üblichen Bekämpfungsmittel immun geworden sind.

Ein weiteres ungelöstes Problem ist die Umweltverschmutzung. Mit großer Sorge stellen die Wissenschaftler fest, daß die Weltmeere total verschmutzt sind und zum Teil bereits abzusterben beginnen. Flüsse und Seen sind von Abwässern so vergiftet, daß vielerorts ein Massensterben der Fische eingetreten ist. Auch dem Grundwasser entstehen durch Schädlingsbekämpfungsmittel Gefahren.

Durch die hohe Zahl der Abgase entwickelnden Verkehrsmittel, durch Millionen von Ölheizungen und gasförmige Industrierückstände nimmt auch die Luftverschmutzung ständig zu. Gifte, die als Pflanzenschutzmittel angewendet werden, finden sich in Obst und Gemüse wieder. Was den Menschen zu Fortschritt und Segen gereichen sollte, verwandelt sich mehr und mehr in einen Fluch.

Wie zur Zeit Noahs

Die Menschen, die vor der Sintflut lebten, waren nicht bereit, auf die Warnungen Gottes zu hören. Als Folge ihres Eigensinns kamen sie in der nachfolgenden Katastrophe um. Genauso wird es sein, wenn Jesus Christus wiederkommt. Jesus, der die Zeitgenossen Noahs als warnendes Beispiel anführt, prangert dabei nicht einmal ihre großen Sünden an. Noch schlimmer war, daß sie die Predigt Noahs in den Wind schlugen und auf die Botschaft, die Gott ihnen ausrichten ließ, nicht achteten. Jesus vergleicht die Zeit vor der Sintflut mit der Zeit vor seiner Wiederkunft: »Denn wie es in den Tagen Noahs war, so wird auch sein das Kommen des Menschensohnes. Denn wie sie waren in den Tagen vor der Sintflut – sie aßen, sie tranken, sie freiten und ließen sich freien bis an den Tag, da Noah zur Arche hineinging; und sie achteten's nicht, bis die Sintflut kam und nahm sie alle dahin –, so wird auch sein das Kommen des Menschensohnes« (Matthäus 24, 37–39).

Die meisten Menschen leben heute so, wie man auch zur Zeit Noahs gelebt hat. Sie arbeiten, essen, trinken, feiern Feste, bauen Häuser. Sie genießen im Rahmen ihrer jeweiligen Möglichkeiten die Gegenwart und machen Pläne für die Zukunft. Doch auf das, was Gott ihnen sagen will, hören sie nicht. Deshalb wissen sie auch nicht, wie weit der Zeiger der Geschichte auf der Weltuhr Gottes vorgerückt ist. Auch die Einwohner von Sodom verfielen zur Zeit Lots dem Gericht Gottes, weil sie auf dessen Warnungen nicht hören wollten. In 1. Mose 19 wird die Stadt als besonders gottlos beschrieben. Kennzeichnend für sie war die Sünde der Homosexualität. Bevor die Stadt zerstört wurde, ließ Gott Lot und seine Familie herausführen. Als auch dessen zukünftige Schwiegersöhne auf den Untergang Sodoms aufmerksam gemacht wurden, »war es ihnen lächerlich«. Auch die Einwohner Sodoms führt Jesus als warnendes Beispiel an: »Desgleichen, wie es geschah zu den Zeiten Lots, sie aßen und tranken, sie kauften und verkauften, sie pflanzten, sie bauten; an dem Tage aber, als Lot aus Sodom ging, da regnete es Feuer und Schwefel vom Himmel und brachte sie alle um. Auf diese

Weise wird es auch gehen an dem Tage, wenn des Menschen Sohn wird offenbar werden« (Lukas 17, 28–38).

Weltweite Verkündigung des Evangeliums

»Und es wird gepredigt werden dies Evangelium vom Reich in der ganzen Welt zum Zeugnis für alle Völker, und dann wird das Ende kommen« (Matthäus 24, 14). Bevor Gott das Gericht über die Menschheit kommen läßt, läßt er auf der ganzen Welt noch einmal seine Botschafter ausrufen und fordert alle Menschen zur Umkehr auf. Jeder Christ ist aufgefordert, sich an der Evangelisation der Welt zu beteiligen. Denn wir alle, mahnt Paulus, sind »Botschafter an Christi Statt« (2. Korinther 5, 20).

Man kann nur darüber staunen, wie viele Möglichkeiten zur Ausbreitung des Evangeliums uns heute zur Verfügung stehen. Noch nie hat es eine Zeit gegeben, in der so viele Menschen so schnell mit der Frohen Botschaft erreicht worden sind. Nie zuvor wurden in allen Teilen der Welt so viele kleine und große Evangelisationen durchgeführt. Noch nie sind so viele Bibeln und Traktate verteilt worden. In vielen Ländern stehen uns auch die Massenmedien zur Verkündigung des Evangeliums zur Verfügung. Millionen von Menschen werden täglich durch evangelistische Radiosendungen erreicht. Viele Menschen, vor allem auch in kommunistischen Ländern, sind durch diese Sendungen zum Glauben an Jesus Christus gekommen. Scharen junger Menschen lassen sich auf Bibelschulen für den evangelistischen und missionarischen Dienst ausbilden. Das alles ist ein Zeichen dafür, daß Gott noch alle Menschen herausrufen und retten möchte, die dazu bereit sind, bevor das Gericht kommt.

Christenverfolgung

Wenn das Evangelium allen Völkern verkündigt werden kann, so bedeutet das nicht, daß die ganze Welt christlich wird. Gott gibt den Menschen noch eine Gelegenheit zur Umkehr, aber die meisten werden sie ablehnen. Man wird der Verkündigung des Evangeliums zunehmend Widerstand entgegensetzen. Überzeugte Christen sind immer auch als Störenfriede empfunden worden. Ein Evangelium, das den Menschen in die Entscheidung stellt, wird von vielen als ärgerlich empfunden. In der letzten Zeit wird Satan mehr denn je versuchen, gegen die Christen vorzugehen und den Lauf des Evangeliums aufzuhalten.

Unsere Zeit ist durch viele offene Türen für die evangelistische und missionarische Arbeit gekennzeichnet. Aber es gibt auch Länder, die sich für die Mission verschließen. So setzt der Islam nicht nur alles daran, in den von ihm beherrschten Ländern die christliche Missionsarbeit einzuengen oder ganz zu unterbinden; gleichzeitig bemüht er sich mit großem finanziellen Einsatz, seiner Lehre in anderen Ländern, auch in Europa, Eingang zu verschaffen. So ist in den nordafrikanischen Ländern die Missionsarbeit sehr schwer geworden. Vor den größten Schwierigkeiten stehen jedoch die Christen in kommunistischen Ländern. Ein großer Teil der Weltbevölkerung steht heute unter kommunistischem Einfluß. In kommunistischen Staaten ist religiöse Propaganda verboten. Die christlichen Gemeinden können oft nur unter erschwerten Bedingungen weiterbestehen. An vielen Orten müssen sie heimlich zusammenkommen. Und obwohl die Christen als gute Arbeitskräfte geschätzt sind, nimmt man ihnen oft aus ideologischen Gründen den Arbeitsplatz. Oder man weist ihnen eine geringe Arbeit zu, die ihrer Intelligenz und Ausbildung nicht entspricht. Oft werden Christen unter einem Vorwand eingesperrt, gefoltert und getötet. In vielen Ländern hält die Christenverfolgung schon jahrzehntelang an.

Jesus hat darauf hingewiesen, daß man die bewußten Christen vor seiner Wiederkunft besonders hassen wird. »Alsdann werden sie euch überantworten in Trübsal, und sie werden euch töten. Und ihr werdet gehaßt werden um meines Namens willen von allen Völkern. Dann werden viele der Anfechtung erliegen und werden sich untereinander verraten und werden sich untereinander hassen« (Matthäus 24, 9–10).

Aber auch in den als christlich bezeichneten Ländern des Westens nimmt der Widerstand gegen das Evangelium und gegen die Christen zu. Nicht selten werden die Christen heute als eine störende Minderheit empfunden und verachtet. Soche Verachtung aber kann sich leicht zum Haß steigern. Bietet der Staat solchen Gruppen einmal keinen Schutz mehr, so werden sie zum Freiwild für ihre Verfolger. Die Wurzel für die Christenverfolgung ist keineswegs nur im Atheismus zu suchen, sondern auch in einer bestimmten Form von Religiosität. Jesu sagt darüber: »Solches habe ich zu euch geredet, damit ihr nicht Ärgernis nehmt. Sie werden euch in den Bann tun. Ja, es kommt die Stunde, daß, wer euch tötet, wird meinen, er tue Gott einen Dienst damit. Und solches werden sie darum tun, weil sie weder meinen Vater noch mich erkennen« (Johannes 16, 3).

Die Gemeinde konnte jedoch nie überwunden werden, weil ihr Herr das nicht zuläßt. Verfolgung ist für den Christen keine Strafe, sondern eine besondere Gelegenheit, vor seinen Widersachern von seinem Herrn zu sprechen und diesem gegenüber Liebe und Treue zu beweisen. In solchen Situationen gibt Jesus seinen Leuten in besonderer Weise die Kraft, die sie dazu brauchen, und schenkt ihnen einen wunderbaren, inneren Frieden. Auch in der Verfolgung sind Christen nie alleingelassen. Es darf ihnen nicht mehr geschehen, als ihr Herr zuläßt. Jesus weist immer wieder darauf hin, daß Verfolgung der Christen um seines Namens willen geschieht, daß sein Name dadurch vor den Mächtigen dieser Welt bekanntgemacht werden soll, und daß die Verfolgten fest in seiner Hand sind: »Aber vor diesem allen werden sie die Hände an euch legen und euch verfolgen und euch überantworten in ihre Synagogen und Gefängnisse und vor Könige und Fürsten ziehen um meines Namens willen. Das wird euch zu Zeugen machen. So nehmet nun nicht zu Herzen, daß ihr euch nicht sorget, wie ihr euch verantworten sollt. Denn ich will euch Mund und Weisheit geben, welcher nicht sollen widerstehen noch widersprechen alle eure Widersacher. Ihr werdet aber überantwortet werden von den Eltern, Brüdern, Verwandten und Freunden; und sie werden euer etliche töten. Und ihr werdet gehaßt sein von jedermann um meines Namens willen. Und kein Haar von eurem Haupt soll verlorengehen« (Lukas 21, 12–18).

Der Feigenbaum Israel

Wie der Feigenbaum, der frische Blätter treibt, den nahenden Sommer ankündigt, so weisen die von Jesus genannten Ereignisse auf seine nahe Wiederkunft hin. Jesus unterstreicht das in einem Gleichnis: »Sehet an den Feigenbaum und alle Bäume: Wenn sie jetzt ausschlagen, und ihr seht es, so wißt ihr selber, daß jetzt der Sommer nahe ist« (Lukas 21, 29–31).

In einem anderen Gleichnis stellt Jesus heraus, daß mit dem Feigenbaum aber auch in besonderer Weise Israel gemeint ist: »Es hatte einer einen Feigenbaum, der war gepflanzt in seinem Weinberg, und er kam und suchte Frucht darauf und fand sie nicht. Da sprach er zu dem Weingärtner: ›Siehe, ich bin nun drei Jahre lang alle Jahre gekommen und habe Frucht gesucht auf diesem Feigenbaum und finde sie nicht. Haue ihn ab! Was hindert er das Land?‹ Er aber antwortete und sprach zu ihm: ›Herr, laß ihn noch dies Jahr, bis daß ich um ihn grabe und bedünge ihn, ob er doch noch wollte Frucht bringen; wo nicht, so haue ihn ab‹« (Lukas 13, 6–9).

Bevor Jesus dieses Gleichnis erzählte, hatte er die Juden zur Buße aufgefordert. Er hat das in der Zeit seines öffentlichen Wirkens immer wieder getan. Doch die Juden hörten nicht auf ihn. Der Feigenbaum Israel, der im Weinberg Gottes – im verheißenen Land – stand, brachte keine Frucht, obwohl Jesus sich während seines dreijährigen Wirkens immer wieder um ihn bemühte. Als auch nach dieser Zeit keine Frucht – kein Glaube an Jesus als den Messias – an ihm zu finden war, wurde der Feigenbaum Israel durch die Zerstreuung der Juden in alle Welt »abgehauen«. Doch schon die Propheten des Alten Testaments sagten an vielen Stellen voraus, daß Israel das Land seiner Väter nach dieser Zerstreuung wieder in Besitz nehmen sollte. Mit der Staatsgründung im Jahr 1948 pflanzte Gott den Feigenbaum wieder in Israel ein, und seitdem treibt er mehr und mehr Blätter. Frucht wird er erst bringen, wenn Israel sich bekehrt und Jesus als den Messias erkennt. Der Feigenbaum, der junge Staat Israel, ist ein Zeichen dafür, daß die Wiederkunft Jesu Christi nahe ist.

Aber Jesus spricht nicht nur vom Feigenbaum, sondern auch »von allen Bäumen«. Damit sind vermutlich die anderen Völker gemeint, bei denen es ebenfalls zur Ausbildung eines Nationalbewußtseins und zur eigenen Staatsgründung kommen soll. In unserer Zeit der großen Machtblöcke verlangen bestimmte Volksgruppen innerhalb mancher Völker immer stärker nach Selbstverwaltung. In Afrika und Asien sind die meisten der früheren Kolonien inzwischen zu selbständigen Staaten geworden oder streben diese Verselbständigung energisch an. Das »Ausschlagen der Bäume« ist in unserer Zeit deutlich zu beobachten.

In Matthäus 24, 34 gibt Jesus noch einen besonderen Hinweis: »Wahrlich, ich sage euch: Dies Geschlecht (griechisch: ›Generation‹) wird nicht vergehen, bis daß dieses alles geschehe.« Schon die Generation, die zur Zeit Jesu lebte, wurde Zeuge davon, daß einige der Vorhersagen Jesu, z. B. die Zerstörung des Tempels, eintraten. Doch weil Jesus in diesem Zusammenhang von seiner Wiederkunft spricht, ist zugleich die Generation gemeint, die das neue Einpflanzen des Feigenbaums im Jahr 1948 und das Treiben der ersten grünen Blätter miterlebt. Die Juden rechnen für eine Generation 40–60 Jahre. Vielleicht sollte uns das veranlassen, noch bewußter mit der Wiederkunft Jesu zu rechnen.

Die Zeichen – eine Mahnung Gottes

»Wenn ihr das alles sehet angehen, so wisset, daß das Reich Gottes nahe ist«, sagt Jesus. Damit ruft er alle Menschen auf, sich auf seine Wiederkunft vorzubereiten. Für den, der noch nicht glaubt, bedeutet das, daß er das Angebot Jesu, ihm seine Sünde und Schuld zu übergeben und sein Leben anzuvertrauen, noch einmal ganz neu hören und es annehmen darf. Denn noch gilt ihm die Zusage Jesu: »Wer zu mir kommt, den werde ich nicht hinausstoßen!« (Johannes 6, 37).

Der Christ aber wird ermuntert, bis ans Ziel durchzuhalten und sich von allem zu lösen, was sein Leben noch gefangenhält und an die Sünde bindet. Er wird noch einmal aufgerufen, sich seinem Herrn ganz und ohne Vorbehalt zur Verfügung zu stellen. Jesus erwartet von seinen Leuten, daß sie ihm dienen. Dazu gehört auch, daß sie mit anderen Menschen über Jesus sprechen und diese für ihren Herrn zu gewinnen suchen. Von einem bewußten Christen erwartet Jesus, daß er bereit ist, Spott zu ertragen und Leiden auf sich zu nehmen. Wer sein Leben Jesus Christus ganz hingegeben und zur Verfügung gestellt hat, der erfährt die ganze Freude des Christseins. Und für ihn schwingt diese Freude auch in der Aufforderung Jesu mit: »Sehet auf und erhebet eure Häupter, darum, daß sich eure Erlösung naht.«

Das Tausendjährige Reich

Bis in unsere Tage hinein haben Menschen immer wieder versucht, unter religiösen, politischen oder ideologischen Gesichtspunkten auf dieser Erde ein Friedensreich zu schaffen, das einem Paradies gleichen sollte. Aber es ist ihnen niemals gelungen, diesen Wunschtraum in die Tat umzusetzen.

Die Bibel jedoch spricht von der Verwirklichung eines solchen Friedensreiches auf Erden. Der Christus Gottes wird es aufrichten und regieren, und es wird in der Tat einem Paradies gleichen. In diesem Reich werden Gerechtigkeit und Friede herrschen. Wohlstand, Gesundheit und langes Leben werden zu seinen Kennzeichen gehören. Und selbst der Fluch, der auf der Natur liegt, wird in Segen verwandelt werden.

Dieses Tausendjährige Reich (lateinisch: Millenium) wird seinen Anfang nehmen, wenn Jesus Christus am Ende der großen Trübsalszeit für alle Welt sichtbar wiederkommt. Dann werden seine Füße auf dem Ölberg stehen, und er wird König über alle Lande sein (Sacharja 14).

Nach der jüdischen Tradition soll der Messias, vom Ölberg kommend, durch das »Goldene Tor« am Rande des Tempelplatzes in Jerusalem einziehen. In der Bibel wird darüber nichts berichtet, es sei denn, man versteht einen Ausspruch Hesekiels als sich darauf beziehenden Hinweis: »Und er führte mich zum Tor im Osten. Und siehe, die Herrlichkeit des Gottes Israels kam vom Osten (vom Ölberg her) und brauste, wie ein großes Wasser braust, und es ward sehr licht auf der Erde von seiner Herrlichkeit« (Hesekiel 43, 2–4).

In Offenbarung 20 wird sechsmal erwähnt, daß das messianische Zeitalter tausend Jahre dauern wird. Während dieser Zeit wird der Teufel gebunden sein. Jesus Christus wird ihn in der Schlacht von Harmagedon besiegen und in den Abgrund werfen, damit er, der Diabolos (= Durcheinanderbringer), die Menschen nicht mehr verführen und gegeneinander aufwiegeln kann: »Und ich sah einen Engel vom Himmel fahren, der hatte den Schlüssel zum Abgrund und eine große Kette in seiner Hand. Und er griff den Drachen, die alte Schlange, das ist der Teufel und Satan, und band ihn tausend Jahre und warf ihn in den Abgrund und verschloß ihn und tat ein Siegel obendrauf, daß er nicht mehr verführen sollte die Völker, bis daß vollendet würden die tausend Jahre« (Offenbarung 20, 1–3).

Auch im Alten Testament wird bereits vorhergesagt, daß Satan und die Dämonen von Gott gefangengenommen werden: »Zu der Zeit wird der Herr das Heer der Höhe heimsuchen in der Höhe und die Könige der Erde auf der Erde, daß sie gesammelt werden als Gefangene im Gefängnis und verschlossen werden im Kerker und nach langer Zeit heimgesucht werden. Und der Mond wird schamrot werden und die Sonne sich schämen, wenn der Herr Zebaoth König sein wird auf dem Berg Zion und zu Jerusalem und vor seinen Ältesten in Herrlichkeit« (Jesaja 24, 21–23).

Jerusalem ist seine Hauptstadt

Jerusalem, das vor der Wiederkunft Christi ein »Taumelbecher« und Zielscheibe des Hasses der Nationen ist, wird die Hauptstadt dieses Tausendjährigen Reiches sein: »Freue dich und sei fröhlich, du Tochter Zion! Denn siehe, ich komme und will bei dir wohnen, spricht der Herr. Und es sollen zu der Zeit viele Völker sich zum Herrn wenden und sollen mein Volk sein, und ich will bei dir wohnen. Und du sollst erkennen, daß mich der Herr Zebaoth zu dir gesandt hat. Und der Herr wird Juda in Besitz nehmen als sein Erbteil in dem heiligen Lande und wird Jerusalem wieder erwählen« (Sacharja 2, 14–16). Diese Erwählung Jerusalems wird bereits in 2. Chronik 6, 6 angesprochen: »Jerusalem habe ich erwählt, daß mein Name daselbst sei . . .«

Das erste Mal wird Jerusalem in 1. Mose 14, 18 erwähnt. Dort wird berichtet, daß zur Zeit Abrahams Melchisedek Priesterkönig von Salem (Jerusalem) war. In Hebräer 7, 1–3 wird Melchisedek als ein König der Gerechtigkeit und des Friedens bezeichnet und mit dem Sohn Gottes verglichen. Jerusalem bedeutet soviel wie »Stadt des Friedens«. Sie wird der Herrschersitz des Friedenskönigs Jesus im messianischen Friedensreich sein. Gott hat diese Stadt zum Mittelpunkt der Welt bestimmt: »Das ist Jerusalem, das ich mitten unter die Nationen gesetzt habe und unter die Länder ringsumher« (Hesekiel 5, 5). Gleichzeitig hat Gott Jerusalem zum Mittelpunkt seiner Heilsgeschichte gemacht:

● Hier hat Gott den Tempel errichten lassen.

● Hier wurde Jahwe geopfert und sein Name angebetet.

● Hier hat Jesus gepredigt und gewirkt.

● Hier hat er gelitten.

- Hier ist er gestorben und auferstanden.

- Von hier aus ist er zum Himmel aufgefahren.

- Nach hier wird er bei seiner Wiederkunft zurückkehren.

- Von hier aus wird er das Tausendjährige Reich regieren.

- Nach hier werden alle Völker kommen, um ihn anzubeten.

In der Zukunft wird Jerusalem weder eine geteilte noch eine international kontrollierte Stadt sein, sondern nach dem Willen Gottes die Hauptstadt Israels und »des Herrn Thron« (Jeremia 3, 17). Auch der Prophet Joel sagt das voraus: »Der Herr wird wohnen zu Zion« (Joel 4, 21).

In Offenbarung 5, 5 wird Jesus Christus als »der Löwe aus Juda« bezeichnet. Im Tausendjährigen Reich wird sich in ihm erfüllen, was Jakob bei der Segnung seiner Söhne prophetisch vorausgesagt hatte: »Es wird das Zepter von Juda nicht weichen, noch der Stab des Herrschers von seinen Füßen, bis daß der Held komme, und ihm werden die Völker anhangen« (1. Mose 49, 10). Auch bei der Ankündigung der Geburt Jesu erwähnt der Erzengel Gabriel gegenüber Maria, daß der Sohn Gottes einmal über Israel herrschen wird: »Und er wird König sein über das Haus Jakob ewiglich . . .« (Lukas 1, 33).

Mit Jesus Christus zusammen werden die auferweckten Märtyrer der großen Trübsalszeit regieren: »Und ich sah Throne, und sie setzten sich darauf, und ihnen ward gegeben das Gericht. Und ich sah die Seelen derer, die enthauptet sind um des Zeugnisses von Jesus und um des Wortes Gottes willen, und die nicht angebetet hatten das Tier noch sein Bild und nicht genommen hatten sein Malzeichen an ihre Stirn und auf ihre Hand; diese wurden lebendig und regierten mit Christus tausend Jahre. Die anderen Toten aber wurden nicht wieder lebendig, bis die tausend Jahre vollendet wurden. Dies ist die erste Auferstehung. Selig ist der und heilig, der teilhat an der ersten Auferstehung. Über solche hat der zweite Tod keine Macht; sondern sie werden Priester Gottes sein und mit ihm regieren tausend Jahre« (Offenbarung 20, 4–5). Damit wird Jesus die auszeichnen, die ihm während der antichristlichen Zeit unter schwersten Bedingungen die Treue gehalten haben.

Auch die entrückte Gemeinde wird dabei sein, wenn Jesus seine Herrschaft auf der Erde antritt: »Siehe, der Herr kommt mit viel tausend Heiligen, Gericht zu halten« (Judas 14–15). – »Da wird dann kommen der Herr, mein Gott, und alle Heiligen mit ihm«

(Sacharja 14, 5). Einen Hinweis darauf gibt auch Offenbarung 5, 9–10: ». . . und hast mit deinem Blut für Gott erkauft Menschen aus allen Geschlechtern und Sprachen und Völkern und Nationen und hast sie unserem Gott zu Königen und Priestern gemacht, und sie werden herrschen auf Erden.« Wie diese Regentschaft der Gemeinde sich praktisch vollzieht, wird in der Bibel nicht beschrieben. Wie alle anderen damit zusammenhängenden Fragen bleibt offen, ob die Gemeinde dann zum Teil hier auf der Erde ihren Sitz haben wird, oder ob ihre Glieder mit verklärten Leibern zwischen Himmel und Erde auf- und niedersteigen.

Der Zustand im Tausendjährigen Reich

Wenn Jesus Christus die Herrschaft im Millenium antritt, dann erfüllt sich die Bitte des »Vater unser«: »Dein Reich komme!« Und auch die Botschaft des Engels bei der Geburt Jesu gelangt dann zu ihrer vollen Auswirkung: ». . . und Friede auf Erden« (Lukas 2, 14).

Bis zu diesem Zeitpunkt war Jesus »unser (der Glaubenden) Friede« (Epheser 2, 14); nun bringt er auch der Völkerwelt den Frieden: »Denn er wird Frieden gebieten den Völkern, und seine Herrschaft wird von dem einen Meer bis zum anderen und vom Strom bis an die Enden der Erde reichen« (Sacharja 9, 10).

Dann wird man die Kriegswaffen in nützliche Werkzeuge umarbeiten, weil es zu dieser Zeit keine Kriege mehr geben wird. Das sagen bereits zwei Propheten des Alten Testaments voraus: »Sie werden ihre Schwerter zu Pflugscharen und ihre Spieße zu Sicheln machen. Es wird kein Volk wider das andere das Schwert erheben, und sie werden hinfort nicht mehr lernen, Krieg zu führen« (Micha 4, 3). Jesaja macht die gleichen Aussagen (Kapitel 2, 4).

Diejenigen Völker, die Israel während seines Exils unterdrückt oder mit ihrem Haß verfolgt haben, werden ihre Gesinnung ändern und in demütiger Haltung nach Jerusalem kommen: »Fremde werden deine Mauern bauen, und ihre Könige werden dir dienen ... Es werden gebückt zu dir kommen, die dich unterdrückt haben, und alle, die dich gelästert haben, werden niederfallen zu deinen Füßen und dich nennen ›Stadt des Herrn‹, ›Zion des Heiligen Israels‹« (Jesaja 60, 10–14). Was Mose vor über 3000 Jahren bei der Segnung der Stämme Israels vorausgesagt hatte, wird sich nun in vollem Umfang erfüllen: »Wohl dir, Israel! Wer ist dir gleich? Du Volk, das sein Heil empfängt durch den Herrn, der deiner Hilfe Schild und das Schwert deines Sieges ist! Deine Feinde werden dir huldigen, und du wirst auf ihren Höhen einherschreiten« (5. Mose 33, 29).

Während dieser Zeit der messianischen Herrschaft Jesu wird das Volk Israel von allen anderen Völkern geschätzt werden, und die Verbindung mit ihm wird man sich zur Ehre rechnen: »So werden viele Völker, Heiden in Scharen, kommen, den Herrn Zebaoth in Jerusalem zu suchen und den Herrn anzuflehen. So spricht der Herr Zebaoth: ›Zu der Zeit werden zehn Männer aus allen Sprachen der Heiden einen jüdischen Mann beim Zipfel seines Gewandes ergreifen und sagen: Wir wollen mit euch gehen, denn wir hören, daß Gott mit euch ist‹« (Sacharja 8, 22–23).

Mit seinen arabischen Nachbarstaaten, die sich ebenfalls dem Willen Gottes unterordnen, wird Israel einen Bund schließen. Aller Haß und alle Zwietracht werden vergessen sein: »Denn der Herr wird den Ägyptern bekannt werden, und die Ägypter werden den Herrn erkennen zu der Zeit und werden ihm dienen … Und der Herr wird die Ägypter schlagen und heilen; und sie werden sich bekehren zum Herrn, und er wird sich erbitten lassen und sie heilen. Zu der Zeit wird eine Straße sein von Ägypten nach Assyrien, daß die Assyrer nach Ägypten und die Ägypter nach Assyrien kommen und die Ägypter samt den Assyrern Gott dienen. Zu der Zeit wird Israel der Dritte sein mit den Ägyptern und Assyrern, ein Segen mitten auf Erden; denn der Herr Zebaoth wird sie segnen und sprechen: Gesegnet bist du, Ägypten, mein Volk, und du, Assur, meiner Hände Werk, und du, Israel, mein Erbe!« (Jesaja 19, 21–25). Was politische Verhandlungen heute nicht zu erreichen vermögen, das wird Christus in seinem Friedensreich verwirklichen.

Schon heute gibt es Ägypter, die den Wunsch haben, mit Israel zu einer guten Zusammenarbeit zu gelangen. In einem Artikel des Nachrichtenmagazins »Der Spiegel«, der über ägyptische Wirtschaftsprobleme berichtet, heißt es: »Es gibt auch schon Ägypter, die noch andere Möglichkeiten für die Zukunft sehen; eine Zusammenarbeit mit Israel: ›Die Ägypter und die Israelis‹, meinte ein ägyptischer Parlamentsabgeordneter, ›sind die einzigen hier in der Region, die wissen, was sie wollen. Sie sollten sich verstehen. Unsere arabischen Brüder? – Ach, lassen wir das!‹«[14]

Auch zu den im Lande lebenden Fremden, z. B. den Arabern, werden die Israelis dann ein gutes Verhältnis haben. Sie werden die Fremden wie Einheimische behandeln und ihnen gleiche Rechte zugestehen. Hesekiel, der in Kapitel 47 von den Grenzen des Staates Israel spricht, weist in Vers 22 darauf hin: »Und wenn ihr das Los

werft, um das Land unter euch aufzuteilen, so sollt ihr die Fremdlinge, die bei euch wohnen und Kinder unter euch zeugen, halten
wie die Einheimischen unter den Kindern Israels; mit euch sollen sie
ihren Erbbesitz erhalten unter den Stämmen Israels.«

In diesem Tausendjährigen Friedensreich werden die Menschen ein
hohes Alter erreichen. Wer jedoch sündigt (ohne daß er vom Teufel
verführt wurde, denn der ist ja im Abgrund gebunden), der wird
sterben müssen: »Es sollen keine Kinder mehr da sein, die nur einige
Tage leben, oder Alte, die ihre Jahre nicht erfüllen. Sondern als
Knabe gilt, wer hundert Jahre alt stirbt; und wer die hundert Jahre
nicht erreicht, gilt als verflucht . . . Denn die Tage meines Volkes
werden sein wie die Tage eines Baumes« (Jesaja 65, 20–22). Heute
sterben die meisten Menschen – in Übereinstimmung mit entsprechenden biblischen Aussagen – mit 70 oder 80 Jahren, oft sogar viel
früher. Auf der neuen Erde, die Gott schaffen wird, wird es keinen
Tod mehr geben; deshalb muß sich diese Aussage der Bibel auf eine
Art »Zwischenzeit«, auf das Tausendjährige Reich, beziehen. Auch
die folgende Prophezeiung ist nur im Blick auf dieses Reich ver-
ständlich. Sie spricht davon, daß zu dieser Zeit aus dem Tempel hei-
lendes Wasser bis ins Tote Meer fließen wird. Dieses wird gesund
werden, und es werden Fische darin leben. Da es in der auf das Millenium folgenden neuen Welt Gottes weder ein totes Meer noch ein
unfruchtbares Gebiet geben wird, muß auch diese Stelle dem Millenium zugeordnet werden: »Und er führte mich wieder zu der Tür
des Tempels. Und siehe, da floß ein Wasser heraus unter der
Schwelle des Tempels nach Osten ... und er sprach zu mir: Dies
Wasser fließt hinaus in das östliche Gebiet und weiter hinab zum
Jordantal und mündet ins Tote Meer. Und wenn es ins Meer fließt,
soll dessen Wasser gesund werden, und alles, was darin lebt und
webt, wohin der Strom kommt, das soll leben. Und es soll sehr viele
Fische dort geben, wenn dieses Wasser dahin kommt, und alles soll
gesund werden und leben, wohin dieser Strom kommt. Und es
werden an ihm die Fischer stehen. Von En-Gedi bis nach En-Egla-
jim wird man die Fischgarne aufspannen; denn es wird dort sehr
viele Fische aller Art geben, wie im großen Meer. Aber die Teiche
und Lachen daneben werden nicht gesund, sondern man soll daraus
Salz gewinnen« (Hesekiel 47, 1. 8–11).

Mit dieser Aussage vom heilenden Wasser, das aus Jerusalem fließen wird, steht Hesekiel nicht allein. Auch Sacharja berichtet davon: »Zu der Zeit (wenn Jesus zur Herrschaft kommt) werden lebendige Wasser aus Jerusalem fließen, die eine Hälfte zum Meer im
Osten, die andere Hälfte zum Meer im Westen, und so wird es sein

im Sommer und im Winter« (Sacharja 14, 8). Diese Aussagen werden von Joel bestätigt: »Und es wird eine Quelle ausgehen vom Hause des Herrn, die wird das Tal Schittim bewässern« (Joel 4, 18). Mit dem Tal Schittim ist das Jordantal einschließlich des Gebiets um das Tote Meer gemeint, das bis heute ein Bild der Wüste und der Unfruchtbarkeit bietet.

Die Herrschaft des Friedenskönigs im Tausendjährigen Reich wird sich auch auf die Tierwelt auswirken. Die Tiere werden in Frieden und Harmonie miteinander leben. Die Schilderung, die Jesaja davon gibt, erscheint uns heute wie ein Traum, und doch wird sie dann Wirklichkeit sein: »Da werden die Wölfe bei den Lämmern wohnen und Panther bei den Böcken lagern. Ein kleiner Knabe wird Kälber und junge Löwen und Mastvieh miteinander treiben. Kühe und Bären werden zusammen weiden, daß ihre Jungen beieinander liegen, und Löwen werden Stroh fressen wie Rinder. Und ein Säugling wird spielen am Loch der Otter, und ein entwöhntes Kind wird seine Hand stecken in die Höhle der Natter« (Jesaja 11, 6–9). Auch in Kapitel 65, 25 wird von diesem paradiesischen Zustand berichtet: »Wolf und Schaf sollen beieinander weiden; der Löwe wird Stroh fressen wie ein Rind, aber die Schlange muß Erde fressen. Sie werden weder Bosheit noch Schaden tun auf meinem ganzen heiligen Berge, spricht der Herr.«

Der Segen des Herrn wird sich in Israel zu dieser Zeit auch dadurch bemerkbar machen, daß der Früh- und Spätregen, der durch den Fluch ausgesetzt hatte, das Land wieder regelmäßig bewässert und fruchtbar macht: »Denn die Auen in der Steppe sollen grünen und die Bäume ihre Früchte bringen, und die Feigenbäume und Weinstöcke sollen reichlich tragen. Und ihr Kinder Zions, freut euch und seid fröhlich im Herrn, eurem Gott, der euch gnädigen Regen gibt und euch herabsendet Frühregen und Spätregen wie zuvor, daß die Tennen voll Korn werden und die Kelter Überfluß an Wein und Öl haben sollen« (Joel 2, 22–25).

Selbst die Wüste wird dann zum fruchtbaren Land werden. Der Prophet Jesaja sagt voraus, daß diese Segenszeit anbrechen wird, wenn Israel gläubig geworden ist: ». . . so lange, bis über uns ausgegossen wird der Geist aus der Höhe. Dann wird die Wüste zum fruchtbaren Lande und das fruchtbare Land wie Wald geachtet werden. Und das Recht wird in der Wüste wohnen und Gerechtigkeit im fruchtbaren Lande. Und der Gerechtigkeit Frucht wird Friede sein, und der Ertrag der Gerechtigkeit wird ewige Stille und Sicherheit sein, daß mein Volk in friedlichen Auen wohnen wird, in sicheren Wohnungen und in stolzer Ruhe« (Jesaja 32, 15–18).

Die Zeit des Tausendjährigen Reiches wird aber auch eine Zeit des geistlichen Segens sein. Die Völker werden bereitwillig auf das Wort Gottes hören, das von Jerusalem in alle Welt hinausgetragen wird; um dieses Wortes willen wird Jerusalem Anziehungspunkt für alle Völker sein: »In den letzten Tagen aber wird der Berg, darauf des Herrn Haus ist, feststehen, höher als alle Berge und über die Hügel erhaben. Und die Völker werden herzulaufen, und viele Heiden werden hingehen und sagen: ›Kommt, laßt uns hinauf zum Berge des Herrn gehen und zum Hause des Gottes Jakobs, daß er uns lehre seine Wege und wir in seinen Pfaden wandeln!‹ Denn von Zion wird Weisung ausgehen und des Herrn Wort von Jerusalem« (Micha 4, 1–2).

Israel, dann ein gläubiges Volk, wird Missionare in alle Welt senden, die die Herrlichkeit des Herrn verkündigen werden. Dabei werden sie vielen »Brüdern« (noch nicht zurückgekehrten Angehörigen der verschiedenen Stämme Israels) begegnen, und diese werden sie mit nach Jerusalem bringen: »Und ich will ein Zeichen unter ihnen aufrichten und einige von ihnen, die errettet sind, zu den Völkern senden nach Tarsis, nach Put und Lud, nach Mesech und Rosch, nach Tubal und Javan und den fernen Inseln, wo man nichts von mir gehört hat, und die meine Herrlichkeit nicht gesehen haben; und die sollen meine Herrlichkeit unter den Völkern verkündigen. Und sie werden alle eure Brüder aus allen Völkern herbringen dem Herrn zum Weihegeschenk auf Rossen und Wagen, in Sänften, auf Maultieren und Dromedaren nach Jerusalem zu meinem heiligen Berge, spricht der Herr« (Jesaja 66, 19–20).

Menschen aus allen Völkern werden Jerusalem als den geistlichen Mittelpunkt besuchen; hier werden sie den Herrn anbeten und ihm dienen. Trotzdem werden in dieser Zeit längst nicht alle Menschen an Jesus Christus glauben. Obwohl sie ihn als Herrn erkennen und seine Güte in Anspruch nehmen können, werden ihm viele die Anbetung verweigern. Diese Menschen werden durch besondere Plagen bestraft werden: »Und alle, die übriggeblieben sind von allen Heiden (nach dem Krieg der Völker um Israel), die gegen Jerusalem zogen, werden jährlich heraufkommen, um anzubeten den Herrn Zebaoth, und um das Laubhüttenfest (das Erntedankfest) zu halten. Aber über dem Geschlecht auf Erden, das nicht heraufziehen wird nach Jerusalem, um anzubeten den König, den Herrn Zebaoth, über dem wird es nicht regnen. Und wenn das Geschlecht der Ägypter nicht heraufzöge und käme, so wird auch über sie die Plage kommen, mit der der Herr alle Heiden schlagen wird, wenn sie nicht heraufkommen, um das Laubhüttenfest zu halten« (Sacharja 14, 16–21).

Während der Zeit des Friedensreiches wird es in Jerusalem zwar einen Tempel geben, aber eine Bundeslade, wie zur Zeit der Stiftshütte und der ersten beiden Tempel, wird darin nicht zu finden sein: ». . . So soll man, spricht der Herr, in jenen Tagen nicht mehr Reden von der Bundeslade des Herrn, ihrer nicht mehr gedenken oder nach ihr fragen und sie nicht mehr vermissen; auch wird sie nicht wieder gemacht werden. Sondern zu jener Zeit wird man Jerusalem nennen ›des Herrn Thron‹« (Jeremia 3, 16–17). – Eine Bundeslade wird man nicht mehr brauchen, weil sie das Gesetz des Alten Testaments darstellte. Im Tausendjährigen Reich aber lebt Israel im Glauben an Jesus Christus und ist damit in den Neuen Bund aufgenommen. In ihm hat das Gesetz seine Erfüllung gefunden.

Dann erst wird Israel wirklich Gottes Knecht sein und ihn verherrlichen: »Du bist mein Knecht, Israel, durch den ich mich verherrlichen will« (Jesaja 49, 3).

Nach dem Tausendjährigen Reich

Gott hat die Zeit dieses Friedensreiches auf tausend Jahre begrenzt. Danach wird Satan noch einmal für kurze Zeit losgelassen. Wie vor der Wiederkunft Jesu Christi wird er die Völker zur Auflehnung gegen Gott und seinen Christus verführen. Auch Jerusalem wird Ziel seines Angriffs sein: »Und wenn die tausend Jahre vollendet sind, wird der Satan loswerden aus seinem Gefängnis und wird ausgehen, zu verführen die Völker an den vier Enden der Erde, den Gog und Magog, um sie zu versammeln zu dem Streit; deren Zahl ist wie der Sand am Meer. Und sie zogen herauf auf die Breite der Erde und umringten das Heerlager der Heiligen und die geliebte Stadt. Und es fiel Feuer vom Himmel und verzehrte sie. Und der Teufel, der sie verführte, ward geworfen in den Pfuhl von Feuer und Schwefel, da auch das Tier und der falsche Prophet war, und werden gequält werden Tag und Nacht von Ewigkeit zu Ewigkeit« (Offenbarung 20, 7–10).

Daß Satan noch einmal die Möglichkeit erhält, freizukommen, entspricht allein dem Willen Gottes. Satans Wirksamkeit ist jedoch begrenzt. Er wird nur »eine kleine Zeit« losgelassen (V. 3). Noch einmal versucht er, Christus vom Thron zu stürzen, und obwohl es ihm wieder gelingt, eine große Zahl von Menschen auf seine Seite zu bringen, muß er erneut eine Niederlage hinnehmen. Mit Gog und Magog, die sich in seinem Gefolge befinden, wird die sich gegen Gott auflehnende Völkerwelt bezeichnet. Selbst die Segenszeit des Friedensreiches hat sie nicht zur Umkehr bewegt. Viele haben sich nur äußerlich unterworfen. Ein solches »trotziges Ding« kann das menschliche Herz sein. Obwohl die Menschen während des Tausendjährigen Reiches die Segnungen Gottes und alle Beweise für seine Existenz und Liebe empfangen haben, sind sie dennoch nicht bereit, sich ihm zuzuwenden. Die Zahl derer, die die Gnade Gottes ausschlagen und sich nun erneut gegen ihn erheben, ist wie Sand am Meer (V. 8). Auch Satan ist nach tausend Jahren Gefängnis derselbe geblieben: der Widersacher Gottes. Nun aber trifft sie alle der volle Zorn Gottes. Satan und seine Anhänger werden endgültig und für immer besiegt. Wer die Liebe Gottes auch dann noch ausschlägt, der hat selbst die ewige Verdammnis gewählt.

Jesus hat von dieser Verdammnis immer wieder gesprochen. Er tat es aus Liebe, um die Menschen zu warnen. Aber wer nicht hören will, wer die ihm in Jesus Christus angebotene Vergebung in letzter Konsequenz ausschlägt, dem kann zuletzt auch Gott nicht mehr helfen. Ihm wird nach den Worten des Matthäusevangeliums geschehen: »Gehet hin von mir, ihr Verfluchten, in das ewige Feuer, das bereit ist dem Teufel und seinen Engeln ... und sie werden in die ewige Pein gehen« (Matthäus 25, 41. 46).

Danach wird sich kein Feind mehr gegen Gott erheben. Dann werden alle vor ihm, dem ewigen Herrscher, die Knie beugen, und alle Zungen werden bekennen, daß Jesus Christus der Herr ist (Philipper 2, 10. 11).

Das Gericht
vor dem großen weißen Thron

Man nennt dieses Gericht vor dem großen weißen Thron auch das »Jüngste Gericht«, weil es das letzte ist und am Ende der Zeiten stattfindet: »Und ich sah einen großen weißen Thron und den, der darauf saß; und vor seinem Angesicht floh die Erde und der Himmel, und ihnen ward keine Stätte gefunden. Und ich sah die Toten, beide groß und klein, stehen vor dem Thron, und Bücher wurden aufgetan. Und ein anderes Buch ward aufgetan, welches ist das Buch des Lebens. Und die Toten wurden gerichtet nach dem, was geschrieben steht in den Büchern, nach ihren Werken. Und das Meer gab die Toten, die darin waren, und der Tod und sein Reich gaben die Toten, die darin waren; und sie wurden gerichtet, ein jeglicher nach seinen Werken. Und der Tod und sein Reich wurden geworfen in den feurigen Pfuhl. Das ist der zweite Tod: der feurige Pfuhl. Und so jemand nicht gefunden ward geschrieben in dem Buch des Lebens, der ward geworfen in den feurigen Pfuhl« (Offenbarung 20, 11–15).

Die leibliche Auferstehung der Christen erfolgt bei der Wiederkunft Jesu Christi; die Ungläubigen jedoch, von denen in dem zitierten Text die Rede ist, werden erst nach dem Tausendjährigen Reich auferweckt: »Die anderen Toten aber wurden nicht wieder lebendig, bis daß tausend Jahre vollendet wurden« (Offenbarung 20, 5). Nach den Aussagen der Bibel kann sich kein Mensch dem Gericht Gottes entziehen. Alle müssen vor seinem Richterstuhl erscheinen: ob sie wollen oder nicht; ob sie normal beerdigt, verbrannt oder ins Meer versenkt wurden. Gott spricht sein allmächtiges Wort; es bewirkt, daß sie alle auferstehen und vor ihm zum Gericht erscheinen. Wer nicht in dem Buch des Lebens steht, der wird verurteilt und in den Feuersee geworfen. Dieses Gericht schaute schon der Prophet Daniel, als Gott ihn Einblicke in den Ablauf der Welt- und Heilsgeschichte tun ließ: »Ich sah, wie Throne aufgestellt wurden, und einer, der uralt war, setzte sich. Sein Kleid war weiß wie Schnee und das Haar auf seinem Haupt rein wie Wolle; Feuerflammen waren sein Thron und dessen Räder loderndes Feuer. Und vom ihm ging aus ein langer feuriger Strahl. Tausendmal Tausende dienten ihm, zehntausendmal Zehntausende standen vor ihm. Das Gericht wurde gehalten, und die Bücher wurden aufgetan« (Daniel 7, 9–10).

Die Apostel, deren Predigten geprägt waren von der Liebe und dem Gnadenangebot Gottes in Jesus Christus, wiesen dennoch immer wieder auf das Gericht hin. Paulus verschweigt es auch vor den Athenern nicht: »Gott hat einen Tag gesetzt, an welchem er richten will den Erdkreis mit Gerechtigkeit durch einen Mann, den er dazu bestimmt hat, und hat jedermann den Glauben angeboten, indem er ihn von den Toten auferweckt hat« (Apostelgeschichte 17, 31). Jesus Christus, der für die Sünde aller Menschen stellvertretend am Kreuz den Tod erlitt und damit allen Menschen Vergebung angeboten hat, wird nun als ihr Richter auftreten. Er sagt selbst: »Der Vater richtet niemand, sondern alles Gericht hat er dem Sohn übergeben, damit sie alle den Sohn ehren« (Johannes 5, 22).

Oft wird die Frage gestellt, was mit den Menschen geschieht, die das Evangelium noch nie gehört haben. Gott wird auch sie richten, und sein Urteil wird gerecht sein. Nach Römer 1 und 2 hätten sie zumindest die Möglichkeit gehabt, Gott in der Schöpfung und mit Hilfe ihres Gewissens zu erkennen: »Denn was man von Gott erkennen kann, ist unter ihnen offenbar; Gott hat es ihnen offenbart. Denn Gottes unsichtbares Wesen, das ist seine ewige Kraft und Gottheit, wird ersehen seit der Schöpfung der Welt und wahrgenommen an seinen Werken, so daß sie keine Entschuldigung haben. Sie wußten, daß ein Gott ist, und haben ihn nicht gepriesen als einen Gott noch ihm gedankt, sondern haben ihre Gedanken dem Nichtigen zugewandt, und ihr unverständiges Herz ist verfinstert« (Römer 1, 18–21). Im folgenden Kapitel führt der Apostel das weiter aus: »Welche ohne Gesetz gesündigt haben, die werden auch ohne Gesetz verlorengehen; und welche unter dem Gesetz gesündigt haben, die werden durchs Gesetz verurteilt werden. Denn vor Gott sind nicht, die das Gesetz hören, gerecht, sondern die das Gesetz tun, werden gerecht sein. Denn wenn die Heiden, die das Gesetz nicht haben, doch von Natur tun des Gesetzes Werk, so sind sie, obwohl sie das Gesetz nicht haben, sich selbst ein Gesetz; denn sie beweisen, des Gesetzes Werk sei geschrieben in ihren Herzen, da ja ihr Gewissen es ihnen bezeugt, dazu auch die Gedanken, die sich untereinander verklagen oder auch entschuldigen, an dem Tag, da Gott das Verborgene der Menschen durch Jesus Christus richten wird, wie es mein Evangelium bezeugt« (Römer 2, 12–16).

Es ist eben keineswegs gleichgültig, welche Haltung der Mensch Gott gegenüber einnimmt und wie er sein Leben gestaltet. Jeder ist für sein Handeln verantwortlich, sogar für jedes unnütze Wort: »Ich sage euch aber, daß die Menschen müssen Rechenschaft geben am Tage des Gerichts von einem jeglichen nichtsnutzigen Wort, das sie geredet haben« (Matthäus 12, 36).

In diesem Gericht wird der Text des Schlagers »Wir kommen alle, alle, alle in den Himmel, weil wir so brav sind . . .«, dem sich viele Leute so gerne anschließen möchten, von Gott für die Menschen in verheerender Weise korrigiert werden. Selbst wenn ein Mensch sich für anständig und brav hält, so reicht das nicht aus, um vor dem heiligen Gott zu bestehen. Denn der Mensch ist von seinem Wesen her ein Rebell, der sich gegen Gott auflehnt und seine Gesetze übertritt; dadurch ist er aufgrund seiner Sünde für Gott »tot« (Epheser 2, 1). Wer sich nicht darauf berufen kann, daß er die Erlösung, die Jesus für ihn erworben hat, im Glauben angenommen hat, verfällt dem göttlichen Urteil.

Dann wird es keine Möglichkeit mehr geben, diesen Urteilsspruch abzuwenden, die heute noch allen Menschen offensteht. Jesus ist auch für Sie gestorben, er hat am Kreuz Ihre Sünde getragen. Es liegt an Ihnen, ob Sie im Glauben in Anspruch nehmen wollen, daß ein anderer für Sie die Schuld bezahlt hat, die Sie niemals begleichen könnten. Gott legt die Entscheidung darüber, welches Urteil am Jüngsten Tag über Sie gesprochen wird, in Ihre eigene Hand. Denn »wer Jesus (angenommen) hat, der hat (damit auch) das ewige Leben«. Jesus selbst sagt: »Der kommt nicht ins Gericht, sondern er ist vom Tode zum Leben hindurchgedrungen« (Johannes 5, 24). Wer in Jesus das Leben empfangen hat, der steht auch im »Buch des Lebens«, von dem in Offenbarung 20, 15 die Rede ist.

Der Richterstuhl Christi

Alle Menschen, die Jesus Christus als ihren Herrn anerkannt und seine Vergebung im Glauben für sich angenommen haben, sind von dem Gericht vor dem großen weißen Thron befreit. Sie begleiten Jesus Christus als seine Gemeinde bei seiner Wiederkunft und werden mit Christus herrschen. Sie werden mit Christus gemeinsam Gericht halten, und zwar sogar über die Dämonen: »Wisset ihr nicht, daß die Heiligen die Welt richten werden? . . . Wisset ihr nicht, daß wir die Engel richten werden?« (1. Korinther 6, 2–3).

Die Christen, die durch das Blut und den Tod Jesu erkauft worden sind, werden jedoch vor dem Richterstuhl Christi erscheinen:

»Denn wir (die an Christus Glaubenden) müssen alle offenbar werden vor dem Richterstuhl Christi, auf daß ein jeglicher empfange, wie er gehandelt hat bei Leibesleben, es sei gut oder böse« (2. Korinther 5, 10). Dieses Gericht, das auch Preisgericht genannt wird, wird nach der Entrückung und nach der ersten Auferstehung stattfinden. Dabei geht es nicht um Leben oder Tod, sondern um das Urteil darüber, wie ein Christ, der den Heiligen Geist empfangen hat, sein irdisches Leben gestaltet hat. Wir könnten sagen, es geht um den Lohn, den ein Christ empfängt oder nicht empfängt. Und es geht um das Maß an Herrlichkeit, das ihm in der Ewigkeit zugewiesen wird. Denn auch für einen Glaubenden wird dann keineswegs gleichgültig sein, wie er sein Leben hier auf der Erde geführt hat. Hat er seinem Herrn treu gedient und ein Gott geweihtes Leben geführt, wird er dafür besonderen Lohn empfangen. Wer hier dagegen lau und träge war, wird sich auf ein entsprechendes Urteil gefaßt machen müssen.

»Ein jeglicher aber wird seinen Lohn empfangen nach seiner Arbeit . . . Einen anderen Grund wird niemand legen außer dem, der gelegt ist, welcher ist Jesus Christus. Wenn aber jemand auf diesen Grund baut Gold, Silber, edle Steine, Holz, Heu, Stroh, so wird eines jeglichen Werk offenbar werden; der Tag wird's klar machen. Denn mit Feuer wird er sich offenbaren; und welcherlei eines jeglichen Werk sei, wird das Feuer bewähren. Wird jemandes Werk bleiben, daß er darauf gebaut hat, so wird er Lohn empfangen. Wird aber jemandes Werk verbrennen, so wird er Schaden leiden. Er selbst aber wird gerettet werden, doch so, wie durch's Feuer hindurch« (1. Korinther 3, 8–15). Vielleicht läßt sich das Prinzip dieses Preisgerichtes mit dem Text eines alten Liedes ausdrücken: »Nur was getan ist aus Liebe zu Jesus, das behält Wert und bleibt ewig bestehen.«

Der Lohn, von dem hier die Rede ist, ist nicht mit einer Lohntüte zu vergleichen. Vermutlich haben wir ihn auch dann falsch verstanden, wenn er uns unter eine Art von »christlichem Leistungsdruck« bringt, dem wir als Angehörige einer leistungsorientierten Gesellschaft ohnehin leicht verfallen. Es handelt sich um den Lohn der Liebe, und zwar der Liebe Christi. Ihn wird nur begreifen, wer die Liebe Christi begreift – und wer von uns wollte schon behaupten, daß er dies könne? Nein, hier kann keiner von uns seinen »Lohnzettel« ausrechnen. Hier werden wir alle Überraschte sein: Betroffene, aber doch auch Überraschte der Liebe.

Bei diesem Preisgericht wird auch das offenbar werden, was die

Christen während ihres Lebens nicht bekannt und worüber sie nicht Buße getan haben: »Darum richtet nicht vor der Zeit, bis der Herr kommt, welcher wird an's Licht bringen, auch was im Finstern verborgen ist, und wird das Trachten der Herzen offenbar machen. Alsdann wird einem jeglichen von Gott sein Lob widerfahren« (1. Korinther 4, 5). – »Wir werden alle vor dem Richterstuhl Gottes dargestellt werden. Denn es steht geschrieben: ›So wahr ich lebe, spricht der Herr, mir sollen sich alle Knie beugen, und alle Zungen sollen Gott bekennen.‹ So wird nun jeder für sich selbst Gott Rechenschaft abgeben« (Römer 14, 10–12).

Mit solchen Aussagen will Christus seine Leute weder ängstigen noch schrecken. Vielmehr möchte er sie ermahnen und ermutigen, ihr Leben auf das ewige Ziel hin auszurichten und bewußt in der Gemeinschaft mit ihm zu leben. Zugleich will er uns Mut machen, wenn es darum geht, Spott, Verfolgung oder sogar den Tod um des Glaubens willen zu ertragen; denn am Ende steht er. Aus diesem Grund haben die ersten Christen solche Drangsal mit Freuden auf sich genommen. Und gilt die gleiche Ermunterung des erhöhten Herrn: »Sei getreu, so will ich dir die Krone des Lebens geben!« (Offenbarung 2, 10).

Weil Gott gerecht ist, wird es weder im Himmel noch in der Hölle eine »Gleichmacherei« geben. So ist in der Bibel nicht nur von einem, sondern von mehreren Himmeln die Rede. Paulus wurde bis in den dritten Himmel entrückt (2. Korinther 12, 2). Auch in der Rede Jesu lassen sich derartige Unterschiede erkennen: »Wer nun eines von diesen kleinsten Geboten auflöst und lehrt die Leute so, der wird der Kleinste heißen im Himmelreich; wer es aber tut und lehrt, der wird groß heißen im Himmelreich« (Matthäus 5, 19). – »Unter allen, die vom Weibe geboren sind, ist keiner aufgestanden, der größer sei als Johannes der Täufer; der aber der Kleinste ist im Himmelreich, ist größer als er« (Matthäus 11, 11).

Der Herr wird Lohn austeilen nach der Treue im Leben und in der Arbeit eines Christen: »Ei, du frommer und getreuer Knecht, du bist über wenigen treu gewesen, ich will dich über viel setzen, geh ein zu deines Herrn Freude!« (Matthäus 25, 21). Angesichts der Tatsache, daß wir alle einmal vor dem Richterstuhl Christi offenbar werden müssen, sollten wir uns erneut fragen, ob wir unser Leben Jesus ganz zur Verfügung gestellt haben und ihm mit allen unseren Gaben und Fähigkeiten, mit unserer Zeit, unserem Geld und unserem Besitz dienen. Er will den ersten Platz in unserem Leben einnehmen.

Daß es auch für die Menschen in der Verdammnis Unterschiede gibt, soll lediglich an zwei Stellen belegt werden. Jesus hat wiederholt die Scheinheiligkeit der Schriftgelehrten und Pharisäer gerügt. In Markus 12, 40 sagt er von ihnen: »Die werden desto schwereres Urteil empfangen.« Und in Matthäus 11, 20–24 kündigt Jesus den Städten Chorazin und Kapernaum ein strengeres Gericht als den anderen gottlosen Städten an. Der Grund dafür war, daß Jesus in diesen beiden Orten gepredigt und Wunder getan hatte; deshalb war die Verantwortung der Einwohner größer als die anderer Städte, die das nicht erlebt hatten: »Es wird Tyrus und Sidon erträglicher gehen am Tage des Gerichts als euch. Und du, Kapernaum, wirst du bis zum Himmel erhoben? Du wirst bis in die Hölle hinuntergestoßen werden. Denn so zu Sodom die Taten geschehen wären, die bei dir geschehen sind, es stünde noch heutigen Tages. Doch ich sage euch: Es wird dem Lande der Sodomer erträglicher ergehen am Tage des Gerichtes als dir« (Matthäus 11, 22–24).

Das Völkergericht

Außerdem spricht die Bibel von einem Gericht über die Völker, das vor dem Tausendjährigen Reich stattfinden wird. Im Unterschied zu dem Gericht vor dem großen weißen Thron werden hier die Völker nach ihrem Verhalten gegenüber Israel gerichtet. Dieses Gericht wird im Tal Josaphat (dem Kidrontal, zwischen Tempelplatz und Ölberg) gehalten werden: »Denn siehe, in jenen Tagen und zur selben Zeit, da ich das Geschick Judas und Jerusalems wenden werde, will ich alle Nationen zusammenbringen und will sie ins Tal Josaphat hinabführen und will dort mit ihnen rechten wegen meines Volks und meines Erbteils Israel, weil sie es unter die Nationen zerstreut und sich in mein Land geteilt haben; sie haben das Los um mein Volk geworfen und haben Knaben für eine Hure hingegeben und Mädchen für Wein verkauft und vertrunken . . . Dazu habt ihr auch die Kinder Juda und die Kinder Jerusalems den Griechen verkauft, um sie weit weg von ihrem Land zu bringen ... Die Nationen sollen sich aufmachen und heraufkommen zum Tal Josaphat; denn dort will ich sitzen und richten alle Nationen ringsum ... Es werden Scharen über Scharen von Menschen sein im Tal der Entscheidung; denn des Herrn Tag ist nahe im Tal der Entscheidung« (Joel 4, 1ff.).

Gott hat Israel wegen seines Ungehorsams mit der Vertreibung aus dem Land der Väter und der Zerstreuung unter alle Völker schwer gestraft. Aber auch die Völker, die die Juden ungerecht behandelt und verfolgt haben, werden deswegen ein strenges Gericht über sich ergehen lassen müssen. Gott hat gesagt: »Wer euch antastet, der tastet meinen Augapfel an« (Sacharja 2, 12). Schon Isaak spricht bei der Segnung Jakobs aus, welche Folgen das Verhalten der Völker gegenüber Israel nach sich ziehen soll: »Verflucht sei, wer dir flucht; gesegnet sei, wer dich segnet!« (1. Mose 27, 29).

Auch Jesus erwähnt das Völkergericht: »Wenn aber des Menschen Sohn kommen wird in seiner Herrlichkeit und alle Engel mit ihm, dann wird er sitzen auf dem Thron seiner Herrlichkeit, und es werden vor ihm alle Völker versammelt werden. Und er wird sie voneinander scheiden, gleich wie ein Hirte die Schafe von den Böcken scheidet« (Matthäus 25, 31–46). Die »Schafe zur Rechten« werden an den Segnungen des Tausendjährigen Reiches teilhaben. Über die anderen spricht der Herr sein Urteil, das dann vor dem großen weißen Thron vollstreckt wird.

Weltuntergang –
Neuer Himmel und neue Erde

In allen Ländern und Kontinenten ist man um das Schicksal unseres Erdballs in Sorge. Schon vor Jahrhunderten haben die Menschen den Weltuntergang befürchtet. Damals sah man die Erde durch Naturkatastrophen gefährdet, etwa durch Erdbeben, durch den Aufschlag großer Kometen. Heute sieht man den Fortbestand unseres Planeten durch andere Entwicklungen in Frage gestellt: Chemische Vergiftungen, Atomexplosionen oder andere von Menschen ausgelöste, zerstörende Kräfte könnten zur entscheidenden Katastrophe führen. Daß diese Welt tatsächlich einmal zerstört werden wird, ist in der Bibel deutlich vorausgesagt. Dieses Ereignis wird aber nicht durch einen Zufall ausgelöst werden, sondern dem Plan Gottes entsprechen. Er muß sich dazu noch nicht einmal der furchtbaren Vernichtungswaffen des Menschen bedienen. Es genügt, wenn er sein Allmachtswort spricht – und es geschieht.

Unsere Erde und der Kosmos, dem sie angehört, sind durch das Wirken des Teufels und durch die Sünde des Menschen verunreinigt worden; deshalb müssen sie einer neuen Welt Platz machen, die Gott schaffen wird: »Denn siehe, ich will einen neuen Himmel und eine neue Erde schaffen, daß man der vorigen nicht mehr gedenken soll und sie nicht mehr zu Herzen nehmen wird« (Jesaja 65, 17). Auch der Grund für die Zerstörung der alten Welt wird genannt: »Es wird die Erde mit Krachen zerbersten, zerbrechen und zerfallen. Die Erde wird taumeln wie ein Trunkener und wird hin- und hergeworfen wie eine schwankende Hütte; denn ihre Missetat drückt sie, daß sie fallen muß und nicht wieder aufstehen kann« (Jesaja 24, 19–20).

Auch Jesus nimmt auf dieses Ereignis Bezug, wenn er sagt: »Himmel und Erde werden vergehen, aber meine Worte werden nicht vergehen« (Matthäus 24, 35). Der Apostel Petrus liefert sogar eine prophetische Schilderung des Weltuntergangs. Zu seiner Zeit wußte man noch nichts von Atombomben und ihrer verheerenden Wirkung. Um so nachdrücklicher stellt dieser Bericht unter Beweis, daß hier ein Mensch im Namen Gottes redet (vgl. 2. Petrus 1, 21), getrieben vom Heiligen Geist: »Es wird aber des Herrn Tag kommen wie ein Dieb; dann werden die Himmel zergehen mit großem Krachen; die Elemente werden vor Hitze zerschmelzen, und die

Erde und die Werke, die darauf sind, werden verbennen. Wenn das alles soll so zergehen, wie müßt ihr da geschickt sein in heiligem Wandel und gottesfürchtigem Tun, die ihr wartet und eilet zu der Ankunft des Tages Gottes, an welchem die Himmel vom Feuer zergehen und die Elemente vor Hitze zerschmelzen werden! Wir warten aber eines neuen Himmels und einer neuen Erde nach seiner Verheißung, in welchen Gerechtigkeit wohnt« (2. Petrus 3, 10–13).

Wenn in der Bibel von der Zerstörung des Himmels gesprochen wird, so ist damit nicht der Ort gemeint, an dem Gott in der unsichtbaren Welt »wohnt« (vgl. Psalm 2, 4; 1. Timotheus 16, 16). In der Bibel ist von mehreren Himmeln die Rede: »Siehe, der Himmel und aller Himmel Himmel können dich (Gott) nicht fassen« (1. Könige 8, 27). – »Die Himmel erzählen die Ehre Gottes . . .« (Psalm 2, 1). Demnach müssen wir unter dem Begriff »Himmel« wohl das Firmament und den Kosmos verstehen. Nach Epheser 6, 12 herrschen Satan und die Dämonen im Luftbereich. Verschiedene biblische Aussagen deuten darauf hin, daß der Teufel selbst als gefallener Engelfürst Zugang zum untersten Bereich des Himmels hat, denn er verklagt die Gläubigen bei Gott. Er wird jedoch von dort vertrieben, und zwar für immer (Offenbarung 12). Zu den 70 von ihm ausgesandten Jüngern sagte Jesus bei ihrer Rückkehr: »Ich sah den Satan vom Himmel fallen wie einen Blitz« (Lukas 10, 18). Weil der Teufel durch seine Anwesenheit auch diesen Bereich verunreinigt hat, zerstört Gott Himmel und Erde.

Gleichzeitig mit der Zerstörung des Alten schafft Gott aber etwas vollkommen Neues. Johannes empfing von Christus eine umfassende Offenbarung über den Ablauf der Endphase der Heilsgeschichte, die er im Buch der Offenbarung niederschrieb. Als Letztes wird ihm die von Gott neugeschaffene Erde gezeigt: »Und ich sah einen neuen Himmel und eine neue Erde; denn der erste Himmel und die erste Erde vergingen, und das Meer ist nicht mehr« (Offenbarung 21, 1). Ein Meer wird es auf dieser Erde nicht mehr geben. Aber auch Sonne und Mond fehlen; denn Gott selbst wird ihre Lichtquelle sein: »Und die Stadt bedarf keiner Sonne noch das Mondes, daß sie ihr scheinen; denn die Herrlichkeit Gottes erleuchtet sie, und ihre Leuchte ist das Lamm« (Kapitel 21, 23).

Das neue Jerusalem

Der Mittelpunkt der neuen Erde wird das neue Jerusalem sein, eine Stadt, die nicht von Menschen erbaut wird, sondern Gott senkt sie vom Himmel auf die Erde herab: »Und ich sah die heilige Stadt, das neue Jerusalem, von Gott aus dem Himmel herabfahren, bereitet wie eine geschmückte Braut ihrem Mann. Und ich hörte eine große Stimme von dem Thron, die sprach: Siehe da, die Hütte Gottes bei den Menschen. Und er wird bei ihnen wohnen, und sie werden sein Volk sein, und er selbst, Gott, wird mit ihnen sein« (Offenbarung 21, 2–3). Dieses neue Jerusalem wird dann wirklich eine Stadt des Friedens sein.

Über das Aussehen der Stadt werden verschiedene Angaben gemacht. Sie wird als viereckig bezeichnet, genauer gesagt als quadratisch; denn ihre Länge, Breite und Höhe sind gleich (was einem Würfel entspräche). Seine Kantenlänge wird mit 12 000 Stadien angegeben, das sind umgerechnet 2200 km: »Und die Stadt liegt viereckig, und ihre Länge ist so groß wie ihre Breite. Und er maß die Stadt mit dem Rohr auf zwölftausend Feld Wegs. Die Länge und die Breite und die Höhe der Stadt sind gleich« (Offenbarung 21, 16).

Die zwölf Tore der Stadt – sie werden als jeweils aus einer Perle bestehend bezeichnet – tragen zur Erinnerung an die Auserwählten des Alten Bundes die Namen der zwölf Stämme Israels: »Und sie hatte eine große und hohe Mauer und hatte zwölf Tore und auf den Toren zwölf Engel und Namen darauf geschrieben, nämlich der zwölf Geschlechter der Kinder Israel: von Morgen (Osten) drei Tore, von Mitternacht (Norden) drei Tore, von Mittag (Süden) drei Tore, von Abend (Westen) drei Tore ... Und die zwölf Tore waren zwölf Perlen, und ein jegliches Tor war von einer einzigen Perle, und die Gassen der Stadt waren lauteres Gold wie durchscheinendes Glas« (Offenbarung 21, 12–13. 21).

Auf den Grundsteinen der hohen Stadtmauer sind die Namen der zwölf Apostel eingetragen; sie weisen auf den Neuen Bund durch Jesus Christus hin: »Und die Mauer der Stadt hatte zwölf Gundsteine und auf ihnen die zwölf Namen der zwölf Apostel des Lammes... Und ihre Mauer war aus Jaspis und ihre Stadt aus reinem Golde, gleich dem reinen Glase. Und die Grundsteine der Mauer um die Stadt waren geschmückt mit allerlei Edelgestein« (Offenbarung 21, 14. 18–19). Gold und Edelsteine sollen die Schönheit und Reinheit der Stadt Gottes zum Ausdruck bringen. Johannes versucht ihre Herrlichkeit zu beschreiben, indem er die größten Kostbarkeiten der alten Welt zum Vergleich heranzieht. Denn die Schönheit der neuen Welt Gottes geht über die Vorstellungskraft des Menschen hinaus. Johannes kann lediglich versuchen, mit den ihm zur Verfügung stehenden Mitteln zu beschreiben, was er sieht.

Vieles, was über die neue Erde ausgesagt wird, erinnert an den Garten Eden, das Paradies. Zum Beispiel die Früchte des Lebensbaumes: »Und er zeigte mir einen Strom des lebendigen Wassers, klar wie Kristall, der ausgeht von dem Thron Gottes und des Lammes. Auf beiden Seiten des Stromes mitten auf der Gasse ein Baum des Lebens, der trägt zwölfmal Früchte und bringt seine Früchte alle Monate, und die Blätter des Baumes dienen zur Heilung der Völker« (Offenbarung 22, 1–2).

Die Bewohner dieser Stadt werden mit Gott in inniger Gemeinschaft leben. In seiner Gegenwart wird alles vollkommen sein. Tod und Tränen wird es nicht mehr geben; ». . . und Gott wird abwischen alle Tränen von ihren Augen, und der Tod wird nicht mehr sein, noch Leid noch Geschrei noch Schmerz wird mehr sein; denn das erste ist vergangen. Und der auf dem Thron saß, sprach: ›Siehe, ich mache alles neu!‹« (Offenbarung 21, 4–5). Die Glaubenden, die durch das Blut Jesu Christi erlöst und gerettet worden sind, werden in dem himmlischen Jerusalem ein ewiges Zuhause haben: »So seid ihr nun nicht mehr Gäste und Fremdlinge, sondern Mitbürger der Heiligen und Gottes Hausgenossen« (Epheser 2, 19).

Der Weg zum Ziel

Wer in dieser Welt sein altes egoistisches Eigenleben in der Kraft Jesu Christi überwindet und sein Leben in der beständigen Gemeinschaft mit ihm umgestalten läßt – wer erlöst ist durch das Blut des Lammes –, der wird an der Herrlichkeit dieser Stadt teilhaben: »Wer überwindet, der wird das alles ererben, und ich werde sein Gott sein, und er wird mein Sohn sein« (Offenbarung 21, 7). – »Selig sind, die ihre Kleider waschen, auf daß sie teilhaben an dem Baum des Lebens und zu den Toren eingehen in die Stadt« (Offenbarung 22, 14).

Wer nicht geglaubt hat und die Vergebung aller Schuld und Unreinigkeit, die ihm von Jesus immer wieder angeboten wurde, ausgeschlagen hat, wird aus dieser Stadt ausgeschlossen sein: »Und wird nicht hineingehen irgendein Unreines und nicht, der da Greuel tut und Lüge, sondern allein, die geschrieben sind in dem Buch des Lammes« (Offenbarung 21, 27). – »Draußen sind die Hunde (die

Unreinen) und die Zauberer und die Unzüchtigen und die Totschläger und die Götzendiener und jeder, der Lüge liebhat und tut« (Offenbarung 22, 15). Hier ist von all denen die Rede, die den »zweiten Tod« (Offenbarung 20, 14–15) erleiden müssen, weil sie sich jeder Hinwendung zu Gott widersetzt und ihr durch die Sünde gekennzeichnetes Leben nicht aufgegeben haben. Der Ausschluß aus der Heiligen Stadt bedeutet nicht die Vernichtung ihrer Existenz, sondern die Trennung von der Gemeinschaft und Gott.

Dieser Weg heißt Jesus Christus

Auf dieser Erde steht ein Kreuz. Und an diesem Kreuz hängt ein verachteter Mensch. Nichts an ihm erinnert an Herrlichkeit. Und dennoch trägt er den Schlüssel zu allen Herrlichkeiten dieser und der zukünftigen Welt in sich; denn er trägt an diesem Kreuz stellvertretend die Sünde aller Menschen, Ihre und meine Sünde eingeschlossen.

Dieser Mensch heißt Jesus Christus und ist Gottes Sohn. Er trägt auf dem Hügel Golgatha die ganze Schande der Menschheit. Und gerade deshalb ist er, das »geschlachtete Lamm«, zugleich die personifizierte Herrlichkeit der neuen Stadt Gottes.

Auf diesem Weg aus der Schande in die Herrlichkeit will er uns mitnehmen: Er vergibt uns unsere Schuld; er schenkt uns ein neues Leben; er gestaltet uns um in sein Bild; er hilft uns und steht uns bei, bis wir mit ihm zusammen in dieser neuen Stadt Gottes ankommen: Ihnen, mir, allen Menschen, die sich ihm zuwenden – die ihm ihre Sünde bekennen, ihr Leben öffnen und ihm die Herrschaft darüber überlassen.

Das Leben des Menschen endet nicht mit dem Tod; dort beginnt seine eigentliche Zukunft. Wer sich Jesus anvertraut, für den ist in Ewigkeit geklärt, wo und wie er seine Zukunft zubringen wird.

Wir können diesen Jesus Christus lieben; wir können es nur, weil er uns zuerst geliebt hat. Wenn wir es nicht tun, werden wir ihn hassen. Weil Liebe, die man nicht erwidert, auf die Dauer unerträglich wird. Auch solcher Haß kann unser ewiges Schicksal besiegeln.

Aber in Jesus Christus ist ein »Ja« zu uns. Deshalb dürfen wir von Liebe reden. Und von Herrlichkeit. Dabei wissen wir, daß wir von Gottes Herrlichkeit eigentlich gar nicht sprechen können; unsere schwachen Bilder, unser begrenztes Vorstellungsvermögen reichen dazu nicht aus.

Auf Jesus warten heißt deshalb auch: Warten auf das Wunder, warten auf die Überraschung; denn: »Was kein Auge gesehen hat und kein Ohr gehört hat und in keines Menschen Herz gekommen ist, das hat Gott denen bereitet, die ihn lieben« (1. Korinther 2, 9).

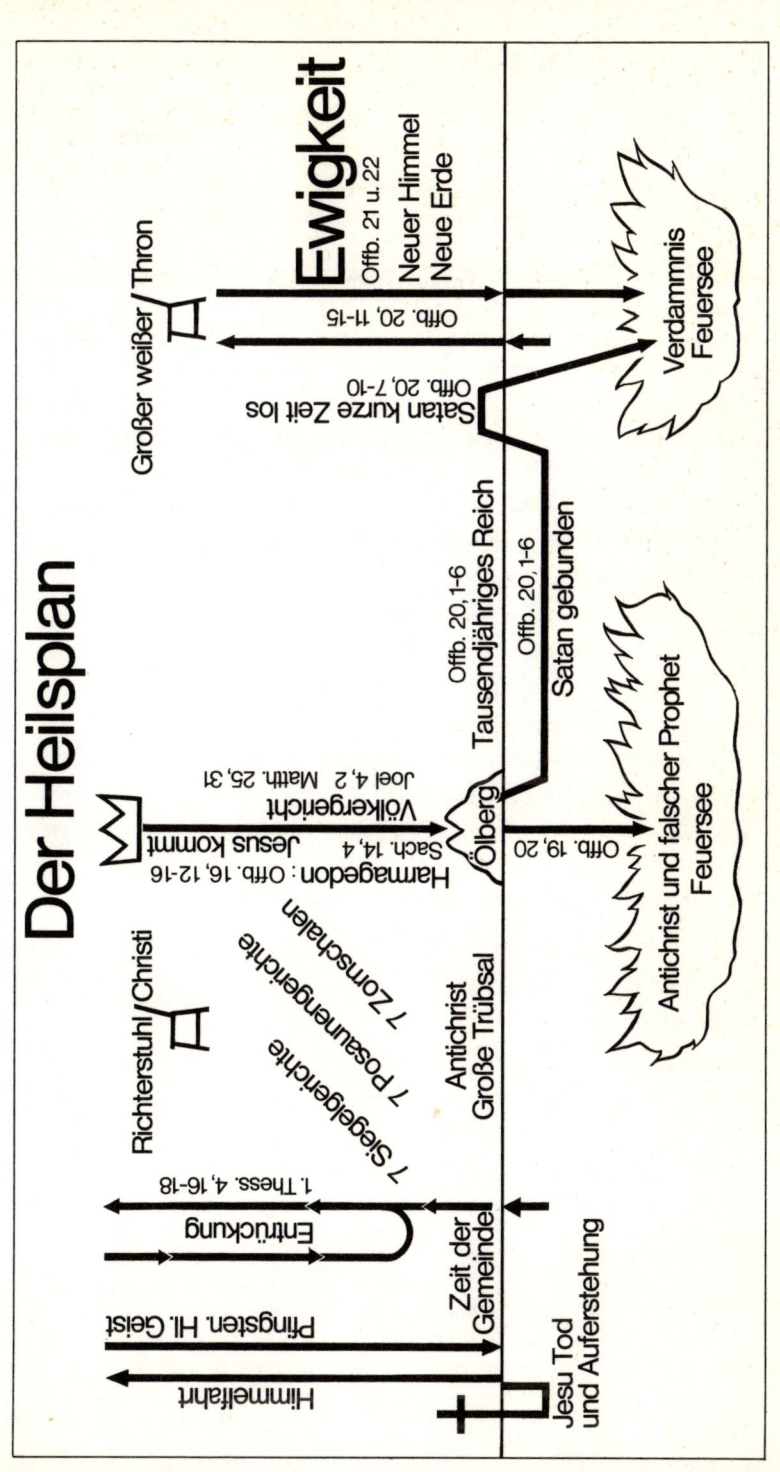

Der Heilsplan

Ewigkeit
Offb. 21 u. 22
Neuer Himmel
Neue Erde

Großer weißer / Thron

Offb. 20, 11-15

Satan kurze Zeit los Offb. 20, 7-10

Verdammnis Feuersee

Offb. 20, 1-6 Tausendjähriges Reich

Offb. 20, 1-6 Satan gebunden

Satan gebunden

Völkergericht
Joel 4, 2 Matth. 25, 31

Jesus kommt
Sach. 14, 4

Harmagedon: Offb. 16, 12-16

Ölberg

Offb. 19, 20

Antichrist und falscher Prophet Feuersee

Richterstuhl / Christi

7 Siegelgerichte

7 Posaunengerichte

7 Zornschalen

Antichrist Große Trübsal

1. Thess. 4, 16-18

Entrückung

Zeit der Gemeinde

Pfingsten HI. Geist

Himmelfahrt

Jesu Tod und Auferstehung

Quellennachweis

[1] (Seite   8)   Aus einem Vortrag von Professor Peter Beyerhaus, gehalten auf der »Europäischen Konferenz evangelikaler Theologen« vom 31. 8. bis 3. 9. 1976 in Brüssel

[2] (Seite 21)   Fritz Rienecker (Hrsg.), »Lexikon zur Bibel«, R. Brockhaus Verlag, Wuppertal 1960; Volksausgabe 1972

[3] (Seite 24)   Werner Keller, »Und wurden zerstreut unter alle Völker«, Droemer, München

[4] (Seite 39)   »Welt am Sonntag« vom 27. 2. 1977

[5] (Seite 44)   Golda Meir, »Mein Leben«, Verlag Hoffmann & Campe, Hamburg, 1975

[6] (Seite 48)   Golda Meyr ebd.

[7] (Seite 51)   AEP-Meldung vom 20. 10. 1975

[8] (Seite 69)   »Rheinzeitung« vom 18. 10. 1976

[9] (Seite 81)   AP-Meldung vom 17. 10. 1971

[10] (Seite 86)   H Matthias (Hrsg.), Seewaldverlag, München

[11] (Seite 87)   »idea« Nr. 10/77/3

[12] (Seite 104)   »Rheinzeitung«, im Aug. 1975

[13] (Seite 106)   Professor Fucks in der Sendung »Kopf und Zahl«, ZDF, 7. 12. 1975

[14] (Seite 139)   »Der Spiegel«, Sept. 1975

Alle Bibelstellen sind nach der revidierten Luther-Übersetzung von 1956 und 1964 zitiert.

Sämtliche grafischen Darstellungen sind vom Verfasser entworfen.